# 技術英語の基本を学ぶ 例文 **300**

## エンジニア・研究者・技術翻訳者のための

### 中山 裕木子 著

研究社

# はじめに──技術英語の3つのC

　実務の世界では、正しい情報を素早く的確に読み取ることが求められます。読み手のために、Correct, Clear, Concise という「3つのC」を満たして書きます。

| | | |
|---|---|---|
| Correct | 正確に書く | 正確さは最重要。内容も英文法も正しく |
| Clear | 明確に書く | 誰が読んでも同じ意味が伝わるように |
| Concise | 簡潔に書く | 忙しい読み手に短時間で伝わるように |

## Correct　正確に書く　☑正確さは最重要。内容も英文法も正しく

このUSBメモリーは64GBです。

　英作するとき、どの程度の**正確さ**が必要でしょう。日本語をそのまま置きかえた This USB memory is 64GB. では不正確です。

このUSBメモリーは64GBだ。

64GB

「USBメモリー」は正しくは
USB memory stick または USB flash drive

× This USB memory is 64GB.

数値と単位記号の間にスペースが必要

is ではなく has が正しい。さらには「容量」capacity を足す。a capacity で 64GB という1つの値を予告

a capacity で値が続くことを予告

○ This USB memory stick has a capacity of 64 GB.

細部まで表記を正しく

○ This USB flash drive can store up to 64 GB.

コミュニケーションの正解は複数

「〜まで保存できる」と言い換えても OK

**明確に書く** ☑誰が読んでも同じ意味が伝わるように

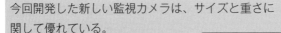

　どうすれば明確に英語で表現できるでしょう。日本語をそのまま置きかえた The surveillance camera which was developed this time is excellent regarding size and weight. は不明確です。

今回開発した新しい監視カメラは、サイズと重さに
関して優れている。

開発したのは誰？
今回はいつ？

✗ The surveillance camera which was developed this time is excellent regarding size and weight.

excellent かどうかは読み手
が決める。不明確！

サイズが大きいの？　小さいの？　不明確！

「小型軽量」を表すポジティブな英単語を選んで
excellent を表現

○ Our new surveillance camera is compact and lightweight.
○ Our new surveillance camera features its small size and light weight.

「売りにする」を表す動詞 feature +「小さく軽い」
で具体的に表現

読み手・文書の種類に応じて表現を選ぶ

　明確に書こうとすれば、英文の構造がシンプルになり、間違わずに組み立てられます。つまり、明確に書くことで、正確に書くこともできます。

> 新しいアルゴリズムの構築により、頑強でコスト効果の高い自律型ロボットの実現が可能になった。

さて、これはどうでしょう。情報の多い日本語をそのまま英語に置きかえた Building the new algorithm made it possible to realize autonomous robots that are robust and cost-effective. では、長くて読みづらい。また、さらに内容が続く場合には、どのように表現しましょう。

> このような自律型ロボットにより、捜索救難や災害時になどおいて多大な恩恵が社会にもたらされる。例えば、人間が立ち入ることができない場所にロボットが入ることができる。

By these autonomous robots, huge benefits will be given to society in search-and-rescue missions, disaster response, and so on. For example, robots can go to disaster areas into which humans are not able to enter. は文法的に正確ですが、長くて読みづらくなっています。

新しいアルゴリズムの構築により、頑強でコスト効果の高い自律型ロボットの実現が可能になった。このような自律型ロボットにより、捜索救難や災害時などにおいて多大な恩恵が社会にもたらされる。例えば、人間が立ち入ることができない場所にロボットが入ることができる。

> made it possible が長い。
> 過去形は既に終わったこと

> realize よりも具体的な動詞はないか。例えば design（設計）

✗ Building the new algorithm made it possible to realize autonomous robots that are robust and cost-effective.

> 文が長い

> 文が主語からはじまっていない

> give よりも具体的な動詞はないか

By these autonomous robots, huge benefits will be given to society in search-and-rescue missions, disaster response, and so on.

> and so on を使わずに表せないか

For example, robots can arrive at disaster areas into which humans are not able to enter.

肯定形で表せないか

前置詞を使わず動詞
一語で表せないか

enter into は一語に
ならないか

動作を名詞の形でここに置く。

O Our new algorithm enables the design of robust, cost-effective autonomous robots.

ポジティブな動詞 enable
を現在形で使う

読み手に情報を
どんどん届ける

具体的な動詞 deliver

「など」を such as の例示で表現

These robots will deliver tremendous benefits to society, such as in search-and-rescue missions and disaster response.

For example, such robots can reach disaster areas humans are unable to enter.

enter を他動詞で使う

unable で not を避ける

O Our new algorithm enables the design of robust, cost-effective

文をつないで情報を早くとどける

autonomous robots, which will deliver tremendous benefits to society, such as in search-and-rescue missions and disaster response. For example, such robots can reach disaster areas inaccessible to humans.

短く表す

　簡潔に書こうとすれば、英文が短くシンプルになり、間違えることなく組み立てられます。明確に伝えられます。つまり、簡潔に書くことで、正確、明確にも書けます。

このように、技術英語を書くときには、**正確性、明確性、簡潔性**をいつも心に留めておきます。具体的には、**文法誤記・表記の誤り・不明瞭をなくし、動詞を活かして文を組み立て、文内・文と文のつながりを強化**します。

## ☑ 文法誤記・表記の誤り・不明瞭をなくす

　文法誤記から単語の誤り、直訳による誤り、表記の不具合やスペルや数値のケアレスミスまで、各種の誤りに注意。

## ☑ 動詞を活かして文を組み立てる

　動詞を活かしたシンプルな構造で文を作ることで、誤りを減らし、また誰が読んでも同じ意味が伝わるように書く。not の否定文の使用も減らす。また、やさしい単語を使いながら、かつ具体的に表現。

## ☑ 文内・文と文のつながりを強化する

　表現に一貫性をもたせる。文内・文間の構造をそろえることで、明確、簡潔に。

　以上をふまえて、製品マニュアルや仕様書、技術提案書、技術論文や報告書、特許文書、メールやプレゼン資料といった実務で作成する各種文書に共通した30 のルールを提案します。

# 正確、明確、簡潔に書くためのルール 30

**動詞** ✓ 動詞を活かして文を組み立てる

1 be 動詞を減らし、動作を表す動詞を使う
2 能動態を増やし、受け身は戦略的に使う
3 群動詞(イディオム)を避けて動詞 1 語で表現する
4 現在形で普遍事実を表す
5 否定の not 文を減らす
6 when や if を避けてシンプルな単文を作る
7 今と関係のある過去には現在完了形を使う
8 過去形は実験・事象の報告または過去の時期明示に限る
9 現在完了進行形・現在進行形は臨場感ある動きに限る
10 SVOO と SVOC は避ける
11 There is/are 構文と仮主語 It is ... / 仮目的語 it を避ける
12 頭でっかちな主語を避けて動詞を早く出す
13 「〜において」の文頭に句を避けて主語から文を開始する

**誤記・不明瞭** ✓ 文法誤記・表記の誤り・不明瞭をなくす

14 名詞の誤りをなくす(数える名詞の無冠詞単数、特定できる名詞に a や無冠詞、不要な the)
15 動詞の誤りをなくす(主語と動詞の不一致・三単現、知らない動詞や難解な動詞の使用)
16 適切な助動詞・前置詞を選ぶ、分詞・関係代名詞・to 不定詞の係りを明確にする
17 同じ文中に指示先がない代名詞 it と they はやめる
18 凝った単語を避けてやさしい動詞と適切な専門用語を使う
19 etc., and so on, some の曖昧語を避ける
20 省略形 doesn't や don't 他を避ける
21 略語は初出でスペルアウトして丸括弧内に略した形を示す
22 数字表記の決まりを守る(1〜10 スペルアウト、単位記号と数値の間にスペース、以上・以下を正しく表現)
23 シリアルコンマ(A, B, and/or C の and や or の前のコンマ)を使う
24 話し言葉を避ける(so → thus, get → obtain/become, do → 具体的に、

hard → difficult, just → simply/only, way → manner/method, And/But の文頭使い×)

25 コロン (:) とセミコロン (;) を使い分ける(コロン (:) は詳細を説明する。コロンの前で文が独立する。セミコロン (;) は 2 文をつなぐ、コンマで列挙すると不明確になるときにコンマの代わりに使う)

**つながり** ✓ 文内・文と文のつながりを強化する

26 短文をつなぐことで 1 文 1 メインアイディアに絞る(主語がそろえば等位接続詞 and/but か従属接続詞 although, because などでつなぐ、関係代名詞でサブ情報とする、コンマでサブ情報を挿入する)

27 文内・複数文の主語をそろえて視点を定める

28 既出の情報・読み手が知っている情報を主語に使う

29 接続の言葉 Therefore 他を控えて内容で文をつなぐ

30 because を多用せずに因果関係を表す(and でつなぐ、関係代名詞非限定で主語を説明する)


　技術英語の初学者にも上級者にもルールはこれだけしかありません。30 のルールを守って英文を書くことで、伝えるべき技術を世界に正しく発信できます。

　本書では、Stage 1 ⇒ Stage 2 ⇒ Stage 3 の順で、正確、明確、簡潔に英作する練習をします。電子電気・情報通信・機械・化学・医薬の様々な技術分野の例文を使います。まずは Stage 1 で主語⇒動詞⇒必要な要素の組み立てを学び、Stage 2 では英文法の深い理解と表現の幅を広げる練習、そして Stage 3 では複数文や長い文を適切に組み立てる方法を練習します。基本となる例文 001～300 の英作、および各項目の解説と追加例文の英作を通じて、技術英語の基本を習得します。

＊本書の 001～300 の例文は、スマホアプリ『エンジニア・研究者・技術翻訳者のための技術英作文300』(2020 年 株式会社ユー・イングリッシュ)に対応しています。

## ワンポイント 一覧

# 本書の3つの特徴と使い方

## ❶習得項目に焦点を当て、たくさんの例文でどんどん英作

　各 Stage の項目では、例文の予習(1～3文の英作)から開始します。習得ポイントを理解した上で、基本例文 001～300 までの英作を練習します。

　左ページの日本語を英作してから右ページの英語を確認してください。いろいろな分野の例文を使ってどんどん練習しましょう。

　また、文法説明や習得ポイントの説明中の追加例文(**もっと英作練習**)も合わせて練習してください。

　加えて、巻末の 20 の長文英作問題にチャレンジしましょう。

## ❷音声で確認

　001～300 までの例文の音声がダウンロードできます。音声を聞きながらどんどん口に出して練習しましょう。自動再生を使って 300 例文を通して再生するのも効果的です。

　研究社ホームページ(https://www.kenkyusha.co.jp/)の「音声・各種資料ダウンロード」のサイトから音声データを入手してください(ユーザー名:guest / パスワード:Tech2020)。

## ❸必須の英単語 1600 も合わせて習得

　各例文では、覚えておきたい必須単語に相当する日本語を太字にしています。

　例えば例文 001 では「**化石燃料**を**燃やす**と**二酸化炭素**が**生成**される。」の「**化石燃料**」「**燃やす**」「**二酸化炭素**」「**生成**」が覚えておきたい必須単語で、巻末の「英単語 1600」に収録されています。

　スラスラと英語が出てくるかを自分でチェックしながら英作してください。

　学習を終えたら、巻末の「英単語 1600」を使ってチェックしましょう。技術英語で使う単語はごく限られています。英作をしながら合わせて英単語も習得してしまいましょう。

　巻末の単語集「**英単語1600**」は、例文で使った名詞、動詞、形容詞、副詞のリストです。単語を知っているかチェック☑するのに使ってください。本書の索引としても利用できます。

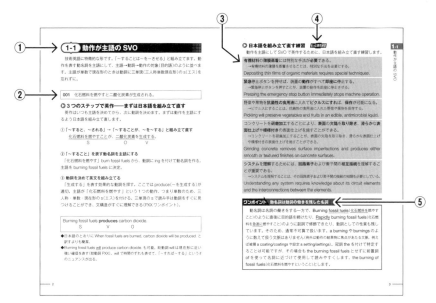

①習得項目の説明

②例文の予習：各項目の例文1文目の英作を練習

③必須単語（巻末「英単語1600」収録）の日本語を太字で強調

④文法説明や習得ポイントの説明中の追加例文（**もっと英作練習**）も合わせて練習

⑤随所に英作に役立つ豆知識をワンポイントで解説

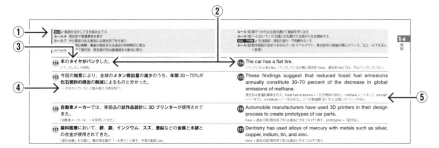

①各セクションで「正確、明確、簡潔に書くためのルール30」から特に練習するものを抜き出して明示

②左ページの日本語を英作してから右ページの英訳を確認

③各例文では、覚えておきたい必須単語（巻末「英単語1600」）に相当する日本語を太字に

④英作のヒント（日本語の組み立て直し方、文法の扱い方など）

⑤英文を組み立てる上でのポイント

# Stage 1
## 文を組み立てよう

　英文の鉄則は、主語→動詞。主語のすぐあとに動詞を置いて、文の構造を決めるのです。この Stage では 3 つのパターン SV, SVC, SVO を練習します。特に SVO =「誰かが何かをする」は、内容を力強く明快に伝えられます。

　動作を主語にした SVO から開始し、主語と動詞だけで英文の骨組みを作る SV, そして be 動詞を中心に使う SVC を練習します。また、万能な動詞 have, use や SVO を作る効果的な動詞、便利な enable, allow, cause を使った例文を練習します。さらに時制の理解を深め、受け身をどのようなときに使うかも学びます。

| | 習得項目 | 例文 No. |
|---|---|---|
| **1-1** | 動作が主語の SVO | **001 - 010** |
| **1-2** | 無生物主語の SVO | **011 - 022** |
| **1-3** | 主語と動詞だけの SV | **023 - 037** |
| **1-4** | be 動詞 + 名詞・形容詞の SVC | **038 - 051** |
| **1-5** | remain 他の SVC | **052 - 058** |
| **1-6** | 万能動詞 have/include/use/require | **059 - 071** |
| **1-7** | 効果的な他動詞・具体的で明快な他動詞 | **072 - 101** |
| **1-8** | 便利な他動詞 enable/allow/cause | **102 - 113** |
| **1-9** | 時制 | **114 - 123** |
| **1-10** | 受け身 | **124 - 138** |

技術英語に特徴的な形です。「～することは～を～させる」と組み立てます。動作を表す動名詞を主語にして、**主語→動詞→動作の対象（目的語）**のように並べます。主語が単数で現在形のときは動詞に三単現（三人称単数現在形）のsを忘れずに。

---

| 001 | 化石燃料を燃やすと二酸化炭素が生成される。 |
|---|---|

### ▶3つのステップで英作——まずは日本語を組み立て直す

英作はいつも主語を決めてから、次に動詞を決めます。まずは動作を主語にするよう日本語を組み立て直します。

### ①「～すると、～される」→「～することが、～を～する」と組み立て直す

<u>化石燃料を燃やす</u>ことが、<u>二酸化炭素</u>を<u>生成</u>する。
　　　　S　　　　　　　　　　O　　　　　　V

### ②「～すること」を表す動名詞を主語にする

「化石燃料を燃やす」burn fossil fuels から、動詞に ing を付けて動名詞を作る。主語を burning fossil fuels に決定。

### ③ 動詞を決めて英文を組み立てる

「生成する」を表す効果的な動詞を探す。ここでは produce（～を生成する）が適切。主語が「化石燃料を燃やす」という１つの動作、つまり単数のため、三人称・単数・現在形のsを付ける。三単現のsで読み手は動詞をすぐに見つけることができ、文構造がすぐに理解できる（p. 23 ワンポイント）。

---

| 001 | Burning fossil fuels **produces** carbon dioxide. |
|---|---|
| | 　　　　　　S　　　　　　V　　　　　O |

◆日本語のとおりに When fossil fuels are burned, carbon dioxide will be produced. と訳すよりも簡潔。

◆Burning fossil fuels <u>will</u> produce carbon dioxide. も可能。助動詞 will は現在形に近い強い確信を表す（助動詞 p. 74）。will で時間のずれも表せて、「～すれば～する」という if のニュアンスが出る。

## ● 日本語を組み立て直す練習　もっと英作練習

　動作を主語にしてSVOで英作するため、日本語を組み立て直す練習をします。

**有機材料の薄膜蒸着**には特別な手法が**必要である。**
　→有機材料の薄膜を蒸着させることは、特別な手法を必要とする。
Depositing thin films of organic materials requires special techniques.

**緊急停止ボタン**を**押せ**ば、装置の**動作**が**即座に停止**する。
　→緊急停止ボタンを押すことが、装置の動作を即座に停止させる。
Pressing the emergency stop button immediately stops machine operation.

野菜や果物を**抗菌性の食用液**に入れて**ピクルスにすれ**ば、**保存**が可能になる。
　→ピクルスにすることは、抗菌性の食用液に入れた野菜や果物を保存する。
Pickling preserves vegetables and fruits in an edible, antimicrobial liquid.

コンクリートを**研磨加工する**ことにより、**表面の欠陥**を**取り除き**、滑らかな**表面仕上げ**や**模様付き**の表面仕上げを施すことができる。
　→コンクリートを研磨加工することが、表面の欠陥を取り除き、滑らかな表面仕上げや模様付きの表面仕上げを施すことができる。
Grinding concrete removes surface imperfections and produces either smooth or textured finishes on concrete surfaces.

システムを**理解する**ためには、**回路素子**および素子間の相互接続を理解することが重要である。
　→システムを理解することは、その回路素子および素子間の接続の知識を必要としている。
Understanding any system requires knowledge about its circuit elements and the interconnections between the elements.

---

### ワンポイント　**動名詞は動詞の働きを残した名詞**

　動名詞は名詞の働きをする一方で、Burning <u>fossil fuels</u>（化石燃料を燃やすこと）のように直後に目的語を続けたり、<u>Rapidly</u> burning fossil fuels（化石燃料を急速に燃やすこと）のように副詞で修飾できたり、動詞としての性質も残しています。そのため、通常不可算で扱います。a burning や burnings のように数えて扱う文脈はありません（例外は動作の結果物に焦点があたる文脈。例えば被膜 a coating/coatings や設定 a setting/settings）。冠詞 the を付けて特定することは可能ですが、その場合は、前置詞 of を使って名詞に近づけて使用して読みやすくします。つまり、the burning fossil fuels とせずに the burning of fossil fuels（化石燃料を燃やすということ）とします。

**001** 化石燃料を**燃やす**と**二酸化炭素**が**生成**される。

「化石燃料を燃やすことが、二酸化炭素を生成する」。

**002** 運転席のドアハンドルに**触れる**と、すべてのドアが**解錠**される。

「運転席のドアハンドルに触れることが、すべてのドアを解錠する」。

**003** このボタンを**クリックする**と、すべての**フィールド**が**初期設定**値に**戻る**。

「このボタンをクリックすることが、すべてのフィールドを初期設定値に戻す」。

**004** **安全**で**有効な****ワクチン**の**製造**には、**ウイルス**の**出現**後 4～6ヶ月以上**かかる**。

「安全で有効なワクチンを製造することは、ウイルスの出現後少なくとも 4～6ヶ月以上を要する」。

**005** **携帯アプリ**の開発には**緻密な計画**が必要である。

「携帯アプリを開発することは、緻密な計画を必要とする」。

**006** ユーザーに**サインアップ**と**ログイン**を求めることにより、**アプリ**を**不正使用**から**保護する**ことができる。

「ユーザーにサインアップとログインを求めることは、アプリを不正使用から保護する」。動詞 require ＋人＋ to… ＝「人が…することを求める」。

**007** ホームボタンを押せば、**アプリ**が**並んでいる**ホーム画面に移動することができる。

動名詞の主語と動詞 take で「ボタンを押すことが、あなたをホーム画面につれていく」。

**008** 顧客ニーズを**十分に理解する**ためには、**製品属性**ごとに顧客の嗜好を**分析**する必要がある。

「顧客ニーズを十分に理解することは、製品属性ごとに顧客の嗜好を分析することを必要とする」。

**009** **合金化**によって、**金属**の**強度**、**硬度**、**電気・****熱伝導性**、**耐腐食性**を**高める**ことができる。

alloy は名詞「合金」もあるが、動詞「合金にする」がある。無生物主語による SVO に助動詞 can を加える。

**010** 犯罪の**防止**や犯罪者の**捕獲**に **AI** を利用することには、多くの**倫理的**問題がある。

「AI を利用すること」を主語にして、SVO で明快に表す。略語は初出でスペルアウト。先にフルスペル、丸括弧内に略語を置く。

ルール11 There is/are 構文と仮主語 It is.../ 仮目的語 it を避ける
ルール12 頭でっかちな主語を避けて動詞を早く出す
ルール15 動詞の誤りをなくす(主語と動詞の不一致・三単現、過去分詞の後の目的語、知らない動詞や難解な動詞の使用)

**1-1**

動作が主語の SVO

**001** Burning fossil fuels produces carbon dioxide.
「化石燃料」は複数種類あるため、fuel を可算・複数形に。

**002** Touching the driver's door handle unlocks all the doors.
動詞 unlock =「〜を解錠する」は release the lock of よりも短い。

**003** Clicking this button resets all fields to their default values.
Clicking this button will reset ... も OK。助動詞 will は現在形に類似の強い確信。will で時間のずれが出て「〜すれば〜する」の if の意味が強まる。

**004** Producing a safe and efficacious vaccine requires at least 4–6 months after a virus emerges.
動名詞主語を使うことで To produce a safe and efficacious vaccine, it takes at least 4–6 months after a virus emerges. よりも早く伝わる。

**005** Developing a mobile app involves detailed planning processes.
involve =「〜を要する」、app = application(アプリ)。

**006** Requiring users to sign up and log in protects your app from unauthorized use.
受け身(Your app will be protected from unauthorized use by requiring users to sign up and log in.)を避ける。unauthorized =「不正な・許可されていない」。

**007** Pressing the Home button takes you to the Home screen, which houses your apps.
apps = applications(アプリ)。関係代名詞非限定で説明を加える(p. 99)。house =「〜を収容する」

**008** Thoroughly understanding customer needs requires the analysis of customer preferences for different product attributes.
To thoroughly understanding customer needs, it is necessary to analyze customer preferences for different product attributes. のような仮主語を避ける。

**009** Alloying can increase the strength, hardness, electrical and thermal conductivity, and corrosion resistance of a metal.
increase =「〜を増やす・高める」。助動詞は確信の度合いや義務といった書き手の「考え」を表す(p. 74)。

**010** Using artificial intelligence (AI) to prevent crimes or capture criminals raises many ethical issues.
raise =「〜を提議する、あげる」を表す他動詞。prevent =「〜を防ぐ」、capture =「〜を捕獲する」。

## 1-2 無生物主語の SVO

技術英語で特徴的な無生物の主語を使った **SVO を練習**します。**モノや概念を主語**にして「それが動作を引き起こす」と組み立てます。

---

| **011** 多くの重工業分野において、危険な廃棄物が生成されている。 |
|---|

### ▶ 無生物の主語を決める

モノや事象、工程、概念といった無生物を英文の主語にできます。「〜において」と文頭に飛び出す句を主語に使って、日本語を組み立て直します。

#### ① 文の前のほうの情報を主語に使う

「多くの重工業分野において」→「多くの重工業分野は」と主語を決める

#### ② 主語を決めたら、動詞を探す。具体的で平易な他動詞を選ぶ

「生成する」には generate, produce が使える

#### ③ 動詞を決めたら、動作の対象を置いて文を完成させる

「危険な廃棄物」を動詞の直後に置く。名詞は単複と冠詞を検討する。「廃棄物」waste は不可算扱い

---

| **011** Many heavy manufacturing industries **generate** hazardous waste. |
|---|
| S                                       V           O |

◆日本語の発想 In many heavy manufacturing industries, hazardous waste is generated. よりも簡潔。

### ▶ 自由な発想で無生物主語に動作を行わせる

「無生物が〜する」という擬人化は英語独特の発想です。無生物の主語に色々な動作を行わせることができます。日本語を組み立てなおして、英文の主語と動詞を決めます。主語を工夫することで、受け身を減らし、語数を減らして読みやすくできます。

**014** その国では今年1月から6月の間に100のウイルス事例が記録された。
→その国は、今年1月から6月の間に100のウイルス事例を記録した。

主語⇒動詞：The country recorded _____.

018 提案書が採用されるためには、プロジェクトの利点がコストを上回ることを示す必要がある。
→成功する提案書は、プロジェクトの利点がコストを上回ることを示す必要がある。
主語⇒動詞：A successful proposal must demonstrate ＿＿＿＿＿＿.

019 多くの有機化合物には、医薬品、農薬、香料、染料という重要な用途がある。
→多くの有機化合物は、医薬品、農薬、香料、染料という重要な用途を見出している。
主語⇒動詞：Many organic compounds find ＿＿＿＿＿＿＿＿＿.

## ● 無生物主語 SVO で when 節や if 節も減らせる

　主語が決め手となる無生物主語 SVO では、冠詞の理解も重要です。不特定として扱う名詞、つまり a/an や無冠詞の名詞は、「そこには無いもの」「あるかどうか分からないもの」を表します。日本語を組み立て直すことで、条件節を使う複文構造（主語と動詞が2セット登場する構造）を避けて表現できます。

015 スプリンクラーからの放水があれば、火災報知器が鳴る。
→スプリンクラーからの放水が、火災報知器を鳴らす。
主語と動詞：Water released from the sprinkler will activate ＿＿＿＿＿.

022 気温が高くなると、水分が蒸発して植物の水分が多く失われる。
→より高い気温は、蒸発を促し植物からの水分消失を増やす。
Higher temperatures increase ＿＿＿＿＿＿＿＿＿＿＿＿＿.

### ワンポイント　英語の大胆な無生物主語の発想は主語と動詞がカギ

　英語の主語と動詞は文の構造を決めるカギとなります。「仕事でニューヨークに来ました」は Business took me to New York.（仕事が私をニューヨークに連れてきた）、「なぜここに来たのですか」は What brought you here?（何があなたをここに連れてきたのか）、「これで私のプレゼンは終わりです」は This concludes my presentation.（このことが私のプレゼンを結論付ける＝終わらせる）と表現できます。日本語とは発想が違うことを理解し、自由に主語と動詞を決めて直接的に表現しましょう。

**011** 多くの**重工業分野**において、**危険な廃棄物**が**生成**されている。

無生物に能動的に動作を行わせる。

**012** **無線充電**にすれば、家の中の**絡まった電源コード**から**解放**される。

「無線充電にした場合には」という if のニュアンスを出す。

**013** **定期的な予防整備**を行うことにより、**機器のダウンタイム**が**最小限になり**、**機器の寿命**が**伸びる**。

「定期的な予防整備」を主語に。無生物主語・SVO。

**014** その国では今年 1 月から 6 月の間に 100 の**ウイルス**事例が**記録**された。

「国が記録をする」と能動表現。特定の期間のため過去形(時制は p. 50)。100 は算用数字。

**015** **スプリンクラー**からの放水があれば、**火災報知器**が**鳴る**。

「スプリンクラーからの放水(Water released from the sprinkler)」を主語に。

**016** **過度な騒音**や**長期にわたる騒音**があると、**海洋動物の行動**に**変化**が起こりうる。

「過度又は長期におよぶ騒音(Excessive or prolonged noise)」を主語に。「～があると」の if のニュアンスが出る。

**017** 酢が**血糖**と**インスリン**濃度を**下げる**ことが**臨床試験**により**報告**されている。

「臨床試験が～を報告している」と無生物主語・SVO。現在完了形(時制 p. 50)。

**018** **提案書**が採用されるためには、**プロジェクトの利点**が**コスト**を**上回る**ことを**示す**必要がある。

無生物主語、SVO、能動態。主語 A successful proposal =「成功する提案書」は「提案書が採用されるためには」というニュアンスが出る。

**019** 多くの**有機化合物**には、**医薬品**、**農薬**、**香料**、**染料**という重要な用途がある。

「多くの有機化合物は、医薬品、農薬、香料、染料という重要な用途を見出している」

**020** **ハプティクス(触感技術)**とは、ユーザーに**力**、**振動**、**動き**を**伝える**ことで**「触れる」**感覚を与える技術である。

「ハプティクス(Haptic technology)」に視点を置き、手段を表す by を使う。

ルール7　今と関係のある過去には現在完了形を使う
ルール8　過去形は実験報告または過去の時期明示に限る
ルール11　There is/are 構文と仮主語 It is.../ 仮目的語 it を避ける
ルール13「～において」の文頭に句を避けて主語から文を開始する

1-2

無生物主語の SVO

**011** Many heavy manufacturing industries generate hazardous waste.

waste =「廃棄物」は不可算扱い。

**012** Wireless charging eliminates the tangled charging cables in your home.

eliminate =「～を無くす」。動詞 eliminate =「～を無くす」の対象を the で特定して「既存の問題」とする。

**013** Routine preventive maintenance will minimize equipment downtime and increase equipment service life.

By carrying out routine preventive maintenance, equipment downtime will be minimized and equipment service life will be increased. より短い。

**014** The country recorded 100 virus cases from January through June this year.

In the country, 100 virus cases were recorded from January through June this year. を短く伝える。

**015** Water released from the sprinkler will activate the fire alarm.

If water is released from the sprinkler, the fire alarm will be activated. より簡潔。助動詞 will で時間のずれが出て if のニュアンスが高まる。

**016** Excessive or prolonged noise can change the behaviors of marine animals.

If there is excessive or prolonged noise, the behaviors of marine animals can be changed. は長くて不可。

**017** Clinical trials have reported that vinegar lowers blood sugar and insulin levels.

lower =「～を下げる」。that 節は「～が～であること」を表す。

**018** A successful proposal must demonstrate that the benefits of the project outweigh the costs.

demonstrate =「～を示す、立証する」、outweigh =「～よりも勝る」、must =「～しなければならない」。

**019** Many organic compounds find important uses as pharmaceuticals, pesticides, perfumes, and dyes.

名詞を3つ以上羅列するときは接続詞 and の前のコンマ（シリアルコンマ）を使う(p. 121)。pharmaceuticals =「医薬品」、pesticides =「農薬」、perfumes =「香料」、dyes =「染料」はいずれも複数。

**020** Haptic technology creates an experience of touch by applying forces, vibrations, or motions to the user.

接続詞 or の前にシリアルコンマを使う。force, vibration, motion は可算・不可算の両方があるが、ここは可算・複数。

**021** 画面共有機能を使えば**遠隔会議**でのやりとりが**円滑になり、共同作業**がしやすくなる。

「画面共有機能(Screen sharing )」を主語に。「使えば」は英訳不要。

**022** **気温**が高くなると、水分が**蒸発**して**植物の水分が多く失われる。**

「気温が高くなると」は Higher temperatures を主語に。「より高い気温は、蒸発を促し植物からの水分消失を増やす」

---

条件を表す主語を練習しましょう。 もっと英作練習

強酸性や高塩基性の化学物質を使うと、**天然繊維が損傷を受けて脱色する。**

× If highly acidic or basic chemicals are used, the natural fibers will be damaged and discolored.

○ Highly acidic or basic chemicals will damage and discolor the natural fibers.

接続パッドに**欠陥**があると、**溶接強度が落ちる**ことがある。

× If there is a defect on the connection pad, the weld strength can be lowered.

○ Any defect on the connection pad can lower the weld strength.

新しい**手法**を採用すれば、**フォレンジック調査**の誤りが減ることが期待できる。

× If the new approach is used, errors in forensics investigations will be reduced.

○ The new approach will reduce errors in forensics investigations.

＊「フォレンジック調査」とは、例えばパソコンのハードディスクやサーバーのログファイルから犯罪の証拠となる内容を特定しようとすること。

Screen sharing improves communication and collaboration during remote meetings.

動詞 improve = 「～を改善する」で「円滑にする」と「しやすくする」を表す。

 Higher temperatures increase evaporation and water loss from plants.

If the temperature becomes higher, water evaporates more, and more water is lost from plants. を短く表す。

---

無生物に動作を行わせましょう。 **もっと英作練習**

**自動車業界**では、車の部品の**試作**に**付加製造**が利用されてきた。

In the automotive industry, additive manufacturing has been used to prototype car parts.

→「自動車業界」を主語に

○ The automotive industry has used additive manufacturing to prototype car parts.

＊「**付加**製造」= additive manufacturing、「～を試作する」= prototype

最近の研究によると、**水中の騒音**により鯨の聴覚が**損なわれ**、直接的な被害がもたらされている可能性がある。

According to recent studies, whales can be directly harmed by underwater noise damaging their hearing.

→「最近の研究」を主語に

○ Recent studies suggest that underwater noise can directly harm whales by damaging their hearing.

## 1-3 主語と動詞だけの SV

　主語と動詞だけで文の骨組みを作ります。加えて実際には修飾語が付くことが多くなります。SV に使う動詞はいつも「**ひとりでに起こる動作**」を表す**自動詞**です。能動的な状況を表し、最小限の語数で技術内容を描写できます。

> **023**　応力がかかると電線が切れることがある。

### ▶ 主語を適切に選ぶ

　名詞を探して主語を選びます。「応力」「電線」のいずれかです。「応力」を主語に選んだ場合には「応力が電線を切ることがある（SVO）」と表します（Stress may break a wire.）。「電線」を主語に選んだ場合には「電線が切れる（SV）」を文の骨組みとし、「応力がかかっている状態で」を修飾語とします。前者の SVO が因果関係を明快に述べる一方で、後者は話題の中心である「電線」を主語にして、主語の属性をより自然に描写する SV です。「応力がかかっている状態で」は前置詞で表します（前置詞は p. 86）。

> **023**　A wire **may break** under stress.
> 　　　　　S　　　　　V

### ▶ 自動詞・他動詞両用の動詞

　SV で使う動詞は「自動詞」です。例えば break（壊れる、割れる、切れる）は自動詞で対象なしに動作が完結できます。確かに、break は動作の対象を必要とした「〜を壊す、〜を割る、〜を切る」を表す他動詞でも使えますが、ここでは自動詞を使った SV により簡潔に表します。他動詞を使った A wire may be broken under stress.（SVO・受動態）は「誰か・何かによって切られた」という動作主を表しますが、単語数が多く、また動作主の存在を暗示します。under stress のように条件の修飾がつき、動作がひとりでに起こる場合には自動詞が適切です。

## ● 自他両用動詞の自動詞の活用

　自動詞・他動詞両用の動詞が多くあることを理解し、適時に自動詞（動作がひとりでに起こる）を活用しましょう。様々な例で確認します。**もっと英作練習**

### melt（溶ける・～を溶かす）

> 多くの**遷移金属**は 1000～2500 ℃で溶ける。
> Many transition metals melt at temperatures between 1000 and 2500 ℃.

◆温度条件下に置かれれば多くの遷移金属はひとりでに溶け出すため、自動詞を使います。
◆他動詞・受け身の Many transition metals are melted at temperatures between 1000 and 2500 ℃. では、溶かした行為者が強調されます。

### leak（漏れる・～を漏らす）

> 化学工場から**有毒ガス**が漏れた。
> A toxic gas has leaked from the chemical plant.

◆ガス漏れがひとりでに起こったことであれば自動詞を使います。
◆他動詞・受け身の A toxic gas has been leaked from the chemical plant. では誰かが漏らしたということが含意され、行為者が強調されます。

### separate（分離する・～を分離する）

> 製品からラベルが一部または**完全に**剥離することがある。
> Labels may separate partially or completely from the products.

◆ラベルが自然に剥離する状況を表すために自動詞を使います。
◆他動詞・受け身の Labels may be separated partially or completely from the products. では自然に剥がれたのではなく剥がされたことが伝えられます。

自動詞・他動詞両用の動詞は多くあります。一方で、自動詞のみの働きをする動詞もあります（p.16 参照）。

**023** **応力**がかかると**電線**が**切れる**ことがある。

---

**024** **誘導コイル**に**エネルギー**が**蓄積**される。

「誘導コイル」または「エネルギー」が主語。能動態で。

---

**025** **パーキンソン病(PD)**の**症状**は通常**緩やかに現れる**。

略語 PD の導入はスペルアウトが先、略語を括弧内に。

---

**026** Wi-Fi が**オンになっていれば**、**利用可能な無線アクセス**ポイントがすべて**表示される**。

自動詞を検討して能動態で書く

---

**027** **インクジェットプリンター**には、小型で**安価な**消費者モデルから高価な**多機能機器**まで**さまざまな種類がある**。

There is/are 構文を避けて主語から文を開始。

---

**028** **気候変動**に起因して、**深刻な干ばつやハリケーン**が**生じる**ことがある。

「生じる」を表す自動詞を探す。

---

**029** **皮膚色のパターン**は、**細胞間相互作用**の**力学系**に起因して**生じる**。

「起因して生じる」を簡潔に。

---

**030** 多くの**海洋動物**は音を使って**コミュニケーションをとっている**。

SV の便利動詞 rely on =「〜に依存する、頼る」を使う。

---

**031** 家庭や職場での消費**電力量**は、曜日、時刻、天候**により異なる**。

SV の便利動詞 depend on =「〜に依存する、頼る、〜によって決まる、〜によって異なる」を使う。

---

**032** **ハリケーン**は、暖かい**海水**からの**水分**が**海面**の暖かい空気と**合わさって生じる**。

「合わさる」「形成する」を表す自動詞で受け身を避ける。

---

**033** **癌細胞**は、**正常な細胞**の**成長パターン**が**うまく機能しなくなったときに生じる**。

form(形成する・〜を形成する)は自動詞・他動詞の両方可。自動詞で使い受け身を避ける。後半は fail to … =「〜できない」で not 否定文を避ける。

### 023 A wire may break under stress.
受け身 A wire may be broken under stress. としない。

### 024 Energy accumulates in the induction coil.
accumulate は自動詞(動作対象なしに動作が完結)と他動詞(動作対象が必要)の両方可。自動詞 SV で簡潔に。主語を変えて The induction coil accumulates energy. も可。

### 025 The symptoms of Parkinson's disease (PD) usually emerge slowly.
emerge = 「現れる」は自動詞のみ。群動詞(イディオム)take place(起こる)も避けて動詞一語で。

### 026 All available wireless access points will appear when Wi-Fi is active.
自動詞 appear = 「現れる、表示される」。

### 027 Inkjet printers range from small inexpensive consumer models to expensive multifunctional machines.
range from A to B = 「A や B などがある 」。There are various types of inkjet printers such as small inexpensive consumer models and expensive multifunctional machines. より情報が早く出る。

### 028 Severe droughts and hurricanes may result from climate change.
result from = 「〜に起因して生じる」。Climate change causes severe droughts and hurricanes. と同義。droughts = 「干ばつ」、hurricanes = 「ハリケーン」可算・複数形。

### 029 Skin color patterns result from dynamic systems of cell interactions.
result from = 「〜に起因して生じる」。Dynamic systems of cell interactions cause skin color patterns. と同義。interactions = 「相互作用」。

### 030 Many marine animals rely on sound to communicate.
Many marine animals use sound to communicate.(SVO)も類似。rely on は 「〜に頼っている」という強い意味。

### 031 The amount of electricity used in homes and businesses depends on the day, the time, and the weather.
「the day (曜日), the time(時間), the weather(天候)に応じて変わる・異なる」。

### 032 Hurricanes form when moisture from warm ocean water combines with warm air at the ocean surface.
form(形成する・〜を形成する), combine(合わさる、〜を組み合わせる)は自動詞・他動詞の両方可。hurricane は可算。

### 033 Cancer cells form when the growth patterns of normal cells fail to work properly.
cells = 「細胞」は可算。form(形成する・〜を形成する)を自動詞で使う。

**034** 電子ピアノの**タッチ面**は様々な手の位置に**応答する**。

**035** **信号**が**タッチパネル**から**プロセッサ**に**電気インパルス**として送られる。
「信号や音が進む」を表す自動詞 travel を使う。

**036** **AR**(**オーグメンテッド・リアリティ**)では、人が**知覚**する現実の世界にデジタル世界の要素が**混ざり合う**。
略語 AR の導入は、スペルアウトが先、略語を括弧内に。

**037** **認知症**による死者は 2000 年から 2016 年の間に**倍増した**。

| 自他両用 | 自動詞の意味 | 他動詞の意味 |
| --- | --- | --- |
| break | 切れる、割れる、壊れる | ～を切る、～を割る、～を壊す |
| accumulate | 蓄積する、溜まる | ～を蓄積する、～を溜める |
| form | 形成する | ～を形成する |
| combine | 合わさる | ～を組み合わせる |
| blend | 混ざる | ～を混ぜる |
| double | 二倍になる | ～を二倍にする |

| 自動詞のみ | | | |
| --- | --- | --- | --- |
| emerge | 生じる | appear | 生じる・表示される |
| occur | 生じる | range | 範囲にわたる |
| result | 生じる | rely | 依存する |
| differ from | 異なる | work | 働く |
| respond | 応答する | travel | (音や光などが)進行する |

**034** The touch-sensitive surface of the electronic piano responds to different hand positions.
respond は名詞 response(レスポンス、**応答**)に相応する自動詞。respond to =「〜に応答する」。

**035** Signals travel from the touch screen to the processor as electrical impulses.
signals =「信号」は可算。impulses =「衝撃」は可算・不可算の両方。

**036** In augmented reality (AR), components of the digital world blend into a person's perception of the real world.
blend(混ざる・〜を混ぜる)は自動詞・他動詞の両方可。自動詞で使う。perception =「知覚」。

**037** Deaths from dementia doubled between 2000 and 2016.
dementia =「認知症」。double(倍になる・〜を倍にする)は自動詞・他動詞の両方可。自動詞で使う。特定の期間のため過去形(時制は p. 50)。

---

**ワンポイント** 「表示する・される」を表す display と appear の関係

　マイクロソフト社のスタイルガイドに他動詞 display と自動詞 appear が対で示されています。「表示する」の行為者を示すときは display を使い、The screen displays information. とし、示さないときは SV で A box appears. とすれば簡潔に表せます。appear を使うことで、A box is displayed. と受け身にするよりも簡潔に表せます。

**Transitive and Intransitive Verbs**(他動詞と自動詞)＊和訳は筆者追加
**正しい使い方**　The screen displays information.【他動詞○】(画面に情報が表示される)

A box appears.【自動詞○】(ボックスが表示される)
**誤用**　　　　A dialog box displays.【自動詞×】(ダイアログボックスが表示される)
(出典：*Microsoft Manual of Style for Technical Publications,* Microsoft Press)

## 1-4 be 動詞＋名詞・形容詞で作る SVC

be 動詞を使って「〜である」という**状態**を表します。なかでも「be 動詞＋名詞」は**主語を定義**します。名詞の**数と冠詞**を適切に扱う必要があります。「be 動詞＋形容詞」では、**主語の状態を簡潔に表し**ます。

---

**038** アマルガムとは、水銀と他の金属との合金のことである。

---

### ▶「be 動詞＋名詞」の SVC は名詞を適切に扱う

「〜である」を表す「be 動詞＋名詞」の SVC では、主語を決め、主語とイコールになる名詞を決めます。「アマルガム＝合金」が決まれば、主語（アマルガム）→ be 動詞→補語（合金）を順に並べます。その際、「アマルガム」と「合金」の可算・不可算を適切に扱うために単複を注意深く選びます（名詞は p. 64）。

amalgam（アマルガム）は可算です。単複については、単数を選んで一種類に焦点を当てると述部「水銀と他の金属」の数が簡単です。amalgam を単数に決めます。alloy（合金）は可算と不可算の両方が可能ですが、1 つのアマルガムが一種類の合金であることを明示するために可算で扱います。mercury（水銀）は不可算、metal は可算・不可算の両方がありますが、一種類を表して可算・単数を選びます。

---

**038**　An amalgam is an alloy of mercury with another metal.
　　　　　 S　　　 V　　　　 C

---

「アマルガム」を明快に定義する文が完成しました。An amalgam is an alloy までを読むとアマルガムが何か、つまり「合金」と分かり、さらに of mercury（水銀からなる合金）、with another metal（他の金属と混ぜ合わせたもの）までを平易に読み進めることができます。名詞を活用して定義する利点がある場合に「be 動詞＋名詞」の SVC を使います。

---

**043**　台所シンクの天板はカウンターと同じ高さで連続している。

---

### ▶「be 動詞＋形容詞」の SVC は平易で具体的な形容詞を探す

もう 1 つの SVC は形容詞を使う説明文です。主語→ be 動詞までを The top of the kitchen sink is と決めたら述部を考えます。「同じ高さで連続している」をそのまま表現すると長くなりますが、1 語で表す「面一である」という形容詞

flush を使います。

---

| 043 | The top of the kitchen sink is flush with the counter. |
| | S　　　　　　　　　　V　　　C |

---

The top of the kitchen sink is at the same level as and continuous with the counter. よりも短く表せます。

## ▶ SVC は利点があるときに活用する

具体的な動作を表す動的な動詞（dynamic verb）に対して、be 動詞は静的な動詞（static verb）です。be 動詞の分類は自動詞です。「be 動詞を減らし、動作を表す動詞を使う」（正確、明確、簡潔に書くためのルール 30（p. viii））としているのは、be 動詞を使うと動詞が活きにくく、簡潔性が損なわれることがあるためです。一方、うまく使えば be 動詞で平易に内容を表せます。SVC を使うときは be 動詞を活かした使い方を心がけましょう。 もっと英作練習

**放射能**は我々の身の回りに存在し、**避けられない**ものである。
Radioactivity is all around us and is unavoidable.

＊「存在している」を be 動詞のみで表す。また「避けられない」を be 動詞＋形容詞で表す。
　SVC を活かした平易な文。

**熱帯雨林の植林**は、**地球温暖化**と闘う上で**重要な手段**となる。
Replanting tropical forests will be a critical tool in combating global warming.

＊動名詞を主語にした文に SVC を組み合わせることも可能。

**推進力**とは、**プロペラやジェットエンジン**により生じる力で、**空間**において**航空機**を前方へと押す**動的空気力**である。
Thrust, caused by a propeller or a jet engine, is the aerodynamic force that pushes an aircraft forward through space.

＊be 動詞を使って名詞 thrust を定義。

**マルウェアやウェブ上の攻撃**は、対応に**多大な費用がかかり**、どの業界にとっても**有害である**。
Malware and web-based attacks are costly and damaging to any industry.

＊効果的な形容詞で be 動詞を使った SVC を活かす。costly＝「高価な、多大な費用がかかる」、
　damaging＝「有害な」。

**038** **アマルガム**とは、**水銀**と他の**金属**との**合金**のことである。
be 動詞を使った SVC。S = C となる文構造。

**039** **アーム形ロボット**は、自動車の**製造**において重要な役割を果たしている。
「〜において重要な役割を果たしている」を play an important role in よりも自然に表現。

**040** **ポリマー**とは、多くの**副単位**の繰り返しによって**構成される高分子**のことである。
主語 +be 動詞 + 名詞＋名詞の修飾。SVC は「〜とは〜というもの」という定義文に使用。

**041** **パーキンソン病（PD）**は、**中枢神経系**の**長期的**な**変性疾患**であり、主に**運動系**に**影響を与える疾患**である。
「パーキンソン病（PD）」の定義文。関係代名詞(p. 98)で情報を足す。

**042** **インフルエンザ**を**予防**する最良の方法は**予防接種**を受けることである。
名詞 defense(防御、守ること)、vaccination(予防接種)で名詞を活かしたシンプルな SVC に。

**043** 台所シンクの天板はカウンターと**同じ高さで連続**している。
be flush with =「〜と面一（つらいち）である」。主語 +be 動詞 + 形容詞の SVC。

**044** **熱可塑性**フィルムを**接合する熱溶着**は、**包装**分野の基本技術である。
「〜は…において基本である、一般的である」を表す定番表現 is common in ... が便利。

**045** この**小型軽量**の**ヘッドマウントディスプレー**は屋内外での**視認性が優れて**いる。
略語 HMD の導入は、スペルアウトが先、略語を括弧内に。

**046** 8K の空間解像度は 4K の**およそ2倍である**。
「〜の2倍である」を表す形容詞 double を使って SVC で。

**047** フィルターにはいろいろな種類がある。例えば、**ローパスフィルター**、**ハイパスフィルター**、**バンドパスフィルター**などがある。
「様々な〜がある。例えば〜や〜や〜がある」の定番表現 Various ...s are available, including ___, ___, and ___. が便利。

**048** **サンゴ礁は海洋酸性化の影響を受けやすい**。
「影響を受けやすい」を be 動詞＋形容詞で。

**049** **サイバースペース**およびその**根底となるインフラ**は、広範囲の**物理的脅威**および**ネットワーク上の脅威**に対して**脆弱である**。
「〜に対して脆弱である」を be 動詞＋形容詞で。

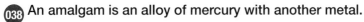

**誤記・不明瞭** ✓ 文法誤記・表記の誤り・不明瞭をなくす

ルール14 名詞の誤りをなくす（数える名詞の無冠詞単数、特定できるのにaや無冠詞、不要なthe）

**1-4**

be動詞＋名詞・形容詞のSVC

**038** An amalgam is an alloy of mercury with another metal.

SVCでamalgam（アマルガム）がan alloy（一種類の合金）である定義を早く伝える。

**039** Robotic arms are an essential part of car manufacturing.

Robotic arms（アーム型ロボット）がan essential part（重要な一部）をなす。複数形の主語を述部で単数でまとめて表現。

**040** A polymer is a macromolecule composed of many repeated subunits.

macromolecule＝「高分子」、composed of＝「〜で構成される」。

**041** Parkinson's disease (PD) is a long-term degenerative disorder of the central nervous system that mainly affects the motor system.

degenerative disorder＝「変性疾患」、nervous system＝「神経径」、motor system＝「運動系」。

**042** The best defense against influenza is vaccination.

The best way to defend yourself against influenza is to receive vaccination. より短い。

**043** The top of the kitchen sink is flush with the counter.

The top of the kitchen sink is at the same level as and continuous with the counter. より簡潔。

**044** Thermal sealing for joining thermoplastic films is common in the packaging industry.

Thermal sealing for joining thermoplastic films is the basic technology used in the packaging industry. より簡潔。Thermal sealing＝「熱溶着」、thermoplastic＝「熱可塑性」。

**045** This compact and lightweight head-mounted display (HMD) is highly visible both indoors and outdoors.

highly visible＝「視認性が高い」。「屋内外」は副詞indoorsとoutdoorsで短く。

**046** The spatial resolution of 8K is roughly double the resolution of 4K.

resolution＝「解像度」、roughly＝「およそ」。

**047** Various filters are available, including low-pass filters, high-pass filters, and band-pass filters.

There are various filters such as low-pass filters, high-pass filters, and band-pass filters. を避ける。

**048** Coral reefs are vulnerable to ocean acidification.

be vulnerable to＝「〜に対して脆弱である」。acidification＝「酸性化」。

**049** Cyberspace and its underlying infrastructure are vulnerable to a wide range of physical and cyber threats.

be vulnerable to＝「〜に対して脆弱である」。underlying＝「〜の根底となる」。

**050** 広角レンズの大半は**レンズフレア**が**生じやすい**。

「レンズフレア」とは「写真や映像撮影時に極めて明るい光源がレンズにあたり生じる光の像」。「〜が生じやすい」は「〜の影響を受けやすい」と同義。

**051** **FM 波**は **AM 波**よりも**ノイズ**の**影響を受け**にくい。

「影響を受けにくい」も be 動詞＋形容詞で。

---

## ワンポイント　形容詞で主語を描写する

様々な形容詞を使いこなせると SVC がうまく使えて便利です。一例として、主語を The product(その製品)にして様々な形容詞で説明してみましょう。

The product is ＿＿＿＿＿＿＿.　この製品は〜である。

lightweight（軽量である）、compact（小型である）、common（よくある）、simple（単純である）、safe（安全である）、fast（高速である）、available（利用可能である）、expensive（効果である）、inexpensive（安価である）、portable（持ち運び可能である）、reliable（信頼性が高い）、flexible（柔軟である）、silent（静かである）、less costly（他よりコストが安い）、costly（コストが高い）、highly functional（機能が多い）、user-friendly（ユーザーフレンドリーである）、environment-friendly（環境にやさしい）、budget-friendly（予算にやさしい）highly visible（視認性が高い）、robust（頑丈である）、durable（耐久性がある）、highly effective（とても効果的である）、innovative（革新的である）、easy to use（使いやすい）、easy to carry（持ち運びやすい）、energy-saving（省エネである）、different（他とは違う）、vulnerable to ...（〜に対して脆弱である）、susceptible to ...（〜の影響を受けやすい）、less susceptible to ...（〜の影響を受けにくい）

慣れてきたら、主語を自由に変更し、形容詞を複数組み合わせてさらに英作を練習しましょう。

弊社の**ソフトウェアツール**は構造が**単純で使いやすい**。
Our software tools are simple and easy to use.

**Most wide-angle lenses are susceptible to a lens flare.**

be susceptible to =「～の影響を受けやすい」=「～が生じやすい」。

**Frequency-modulated (FM) waves are less susceptible to noise than amplitude-modulated (AM) waves.**

be susceptible to =「～の影響を受けやすい」=「～が生じやすい」に比較級 less を使うと「～しにくい」。
frequency-modulated (FM) =「周波数変調」、amplitude-modulated (AM) =「振幅変調」。

---

当社のスキャン技術は、高速、**柔軟**、**強靱**です。

Our scanning solutions are fast, flexible, and robust.

この包装**機械**は**信頼性が高く**、**安全**で**革新的**である。

This wrapping machine is highly reliable, safe, and innovative.

## 1-5 remain 他の SVC

be 動詞の他に SVC を作れる動詞があります。**簡潔で明確に書ける動詞** remain, weigh, measure, appear, seem を使った SVC を練習します。

---

| 052 | 糖尿病の合併症の根底にあるメカニズムはまだ分かっていない。 |
|---|---|

### ▶ SVC を作る他の動詞を知る

各動詞の意味と特徴を理解することが大切です。「〜のままである」「依然として〜である」を表す remain は、be 動詞と意味が似ています。be 動詞＋ still（今も〜である）や be 動詞の現在完了形 has been（〜であり続ける）と似た意味を表します。

---

| 052 | The underlying mechanism of diabetic complications remains unclear. |
|---|---|
| |       S                                 V   C |

---

自動詞 remain の活用と否定の内容を肯定形で表す形容詞 unclear（不確かな）により、The underlying mechanism of diabetic complications has not been clarified yet. や The underlying mechanism of diabetic complications is still not clear. よりも短くかつ明確に表します。

他には weigh（重さが〜である）, measure（寸法が〜である）や appear（〜のように見える）, seem（〜のように思える）があり、次のように使います。

> The board weighs 2 kg. （この板は 2 キロである。）
> The board measures 10 cm by 15 cm. （その板の大きさは 10 cm × 15 cm である。）
> The issue appears challenging. （その問題は難題に見える）
> Solving the issue seems challenging. （その問題の解決は難しく思える）

この種の他の動詞には become（〜になる）や turn（〜になる）もあります。しかし、例えば「物質が液体に変わった。」は The substance became liquid. や The substance turned liquid. よりも The substance liquefied.（物質は液化した。＊液状化するという動詞 liquefy を使用）のように短く書けます。SVC を作る他の動詞は、効果的に使えるものをうまく選択しましょう。

　ここで weigh =「重さが～である」は be 動詞と同じ役割をする自動詞でしたが、weigh には他動詞もあります。また、似たスペルの weight は名詞が「重さ」、動詞が「重み付けをする」ですので注意が必要です。 もっと英作練習

●他動詞 weigh

**塩化ナトリウム 5 g を計り、目盛り付きシリンダーに入れて**ください。

Weigh 5 grams of sodium chloride and place it in a graduated cylinder.

●名詞 weight

前輪タイヤはエンジンの**重量を支え**、後輪タイヤよりも早く**摩耗する**。

Front tires bear the weight of the engine and wear more rapidly than rear tires.

●動詞 weight

各**画素**は中心**画素**からの**距離**に応じて**重み付けされる**。

Each pixel is weighted differently based on its distance to the center pixel.

## ▶ SVC の活用まとめ

　SVC は次の 3 つの使い方が効果的です。日本語に引きずられて無駄に長くなる be 動詞表現を避け、SVC を活かせる使い方を探しましょう。 もっと英作練習

① 名詞を定義する文

**クロックサイクルとは、発振器**の 2 つの**パルス**間の時間間隔のことである。

A clock cycle is the time interval between two pulses of an oscillator.

② シンプルな形容詞と be 動詞の組み合わせで使う

**リチウムイオン電池**は、**家電機器**に**一般的**に使われている。

Lithium-ion batteries are common in consumer electronics.

＊electronics は electronic devices（電子機器）の意味。

③ 便利な自動詞を活用する

**電子たばこ**の**長期的な**健康への**影響**はほとんど**分かっていない**。

The long-term health effects of electronic cigarettes (e-cigarettes) remain largely unknown.

**052** **糖尿病の合併症**の根底にある**メカニズム**はまだ分かっていない。

be 動詞ではない動詞の SVC。

**053** **知識**を利用する**人工知能**の用途において、**知識獲得**は引き続き大きな課題である。

「知識獲得」= Knowledge acquisition を主語に。無生物主語 SVC。

**054** **燃料**を**燃やして**生じる**二酸化炭素**は使用した**燃料**よりも**重量が重い。**

主語を「重量」ではなく「二酸化炭素」にする。動詞を工夫。

**055** **遠方の銀河**に存在する**ブラックホール**は、**直径** 400 億キロメートルである。

「〜という寸法である」という便利な自動詞を使う。

**056** **カーボンナノチューブ**は**直径**が 1〜5 ナノメートルである。

「〜という寸法である」という便利な自動詞を使う。

**057** **スーパームーン**とは、月が**軌道**において地球に最も近づくため、通常時よりも大きく、明るく**見える**現象である。

「〜に見える」を簡潔に表す。

**058** **ソフトウェア**を人手により短時間でテストすることは不可能であり、エラーが**発生しやすい**と**思われる**。

「〜と思われる」を簡潔に表す。

**052** The underlying mechanism of diabetic complications remains unclear.

remain unclear で「分かっていない」。not否定文を避けて肯定表現。complications =「合併症」、underlying =「～の根底となる」。

**053** Knowledge acquisition will remain a key challenge to knowledge-based AI applications.

knowledge-based =「知識を利用する」。

**054** Carbon dioxide produced from burning a fuel weighs more than the fuel used.

weigh =「～の重さがある」。

**055** A black hole located in a distant galaxy measures 40 billion km across.

measure は自動詞（～という寸法である）と他動詞（～を計る）がある。自動詞を使う。前置詞 across は「端から端まで」（前置詞は p. 88）。「直径」の意味。

**056** A carbon nanotube measures 1 to 5 nanometers in diameter.

in diameter =「直径において」では diameter は無冠詞。A carbon nanotube has a diameter of 1 to 5 nanometers. と同義（続く値を導入する diameter は可算）。

**057** A supermoon appears larger and brighter than usual when the moon is closest to the Earth in its orbit.

自動詞 appear（～に見える）を使う。appear to be の to be 省略。orbit =「軌道」。

**058** Testing the software manually in a short time seems impossible and prone to errors.

seem to be の to be 省略。be prone to =「～しやすい」。

## 1-6 万能動詞 have/include/use/require

　SVO を作る**簡単で便利な万能動詞** have, include, use, require を使います。何でも主語にできるので、無生物主語に何かを「持たせたり(have)」「使わせたり(use)」もできます。

---

| **059**　金箔は厚みが 0.125 μm である。 |
| --- |

### ▶ 無生物に何かを持たせる have

　英語の have は広く応用できます。特徴や属性を有する、状態を有する、といった文脈で使えます。「金箔が厚みを有する」を英作する場合、「0.125 μm の厚み」は前置詞 of(前置詞は p. 86)を使って thickness of 0.125 μm とします。また、1 つの値を出しているので thickness を可算とし、冠詞 a を使います。

---

| **059**　A sheet of gold leaf **has** a thickness of 0.125 μm. |
| --- |
| 　　　　　S　　　　　　V　　　　O |

　このように動詞が早く出るため伝わりやすくなります。「厚みは〜である」をそのまま英作した The thickness of a sheet of gold leaf is 0.125 μm. では、The thickness of a sheet of gold leaf まで多くの単語を読んでも情報が出てきません。一方、A sheet of gold leaf has a thickness of までの同じ単語数を読めば、文の構造が分かり、さらには冠詞を使った a thickness により、1 つの値が出ることが予測され、安心して読み進めることができます。

### ▶ 主語も目的語も選ばない万能な動詞とは

　技術英作文では主語が無生物になることが多くあります。そこで、主語が人でも無生物でもよく、また目的語の自由度も高い動詞を活用します。具体的には have, include, use, require を使います。なお、「主語が人だけ」という動詞の例は decide(〜を決定する)、judge(〜を判断する)、know(〜を知っている)などです。

　主語も目的語も選ばない万能な動詞を活用することで、伝える内容が複雑な場合にも、平易な動詞で読み手の負担を減らせます。**もっと英作練習**

## have：属性・特徴・状況を有する

車の**利用**には**費用**と**効果**がある。
Car use has both costs and benefits.

水は**生物**にとって多くの**用途**がある。
Water has many uses for organisms.

**ハイブリッドカー**は**メンテナンス費用**が高くなることがある。
Hybrid vehicles can have higher maintenance costs.

**非金属鉱物**は**密度**が低く、**金属鉱物**は**密度**が高い。
Non-metallic minerals have low densities, and metallic minerals have high densities.

## include：「～などがある」に便利に使える

**算術計算**としては、**加算**、**減算**、**乗算**、**除算**がある。
Arithmetic operations include addition, subtraction, multiplication, and division.

車の利用にかかる**費用**には、車体の購入料金、**修理**や**メンテナンス**、**燃料**、**駐車料金**、税金や**保険**などがある。
The costs of car use include acquiring the vehicle, repairs and maintenance, fuel, parking fees, taxes, and insurance.

## use：モノや工程を自由に主語にする

この運転手**監視システム**は、**赤外センサー**で運転手の**注意力**を**監視する**。
This driver monitoring system uses infrared sensors to monitor driver attentiveness.

**内視鏡検査**では、**内視鏡**を使って臓器の**内部**を調べる。
The endoscopy procedure uses an endoscope to examine the interior of organs.

## require：「～が～を必要とする」の型に日本語を読み替えて使う

あらゆる**生き物**にとって、水は**生存**のために**不可欠である**。
All living organisms **require** water for survival.

**スマートフォン**には必ず**セキュリティー用パスワード**か**パスコード**がある。
Every smartphone **requires** a password or passcode for security purposes.

**059** **金箔**は**厚み**が 0.125 µm である。

「〜の厚みを有する」として SVO で平易に表す。単位記号と数値の間にはスペース。

**060** この車はドア周りで**かなりの**空気**漏れ**がある。

「この車は空気漏れを持つ」。無生物主語に何でも持たせる万能動詞 have を使う。

**061** **放射性同位体**は、**産業**および**医療**の分野で多くの用途がある。

平易な動詞と名詞で「用途がある」を have uses と表現。

**062** **ヘッドマウントディスプレー(HMD)**には多くの用途がある。例えば**ゲーム**、**航空**、**エンジニアリング**などがある。

定番表現 have many uses, including(〜などの用途がある)。find uses(用途を見つける)も可能。「など」に and so on を避ける。

**063** ネジの打ち込みに使用する**一般的な工具**としては、**ねじ回し**と**インパクトドライバー**がある。

「ネジの打ち込みに使用する一般的な工具(複数形)は、ねじ回しとインパクトドライバーを含む」

**064** 車を利用する利点としては、**可動性**、**自立性**、**利便性**があげられる。

「車を利用する利点(複数形)は、可動性、自立性、利便性を含む」

**065** **標準的な洗濯機**では、1 回の洗濯に約 150 リットルの水を使う。

「洗濯機」を主語に。use は主語・目的語を選ばず広く使用可。

**066** **本研究**では、**一般的なショウジョウバエ**を**対象**としている。

「本研究は、一般的なショウジョウバエを、対象として使う」

**067** **携帯電話のプラットフォーム**ごとに使用する**開発環境**や**プログラミング言語**が異なる。

「携帯電話の各プラットフォームは、異なる開発環境と異なるプログラミング言語を使用する」

**068** 弊社の**積層構造**によると、通常品と比較して、約 90% スペースを省略できる。

「弊社の積層構造は、通常品よりも約 90% 少ないスペースを使う」

誤記・不明瞭 ✓ 文法誤記・表記の誤り・不明瞭をなくす
ルール14 名詞の誤りをなくす(数える名詞の無冠詞単数、特定できるのにaや無冠詞、不要なthe)
ルール18 凝った単語を避けてやさしい動詞と適切な専門用語を使う
ルール19 etc. and so on, some の曖昧語を避ける

**1-6**

万能動詞 have/include/use/require

**A sheet of gold leaf has a thickness of 0.125 µm.**

The thickness of a sheet of gold leaf is 0.125 µm. と主語が長くなるのを避ける。

**This car has major air leaks around the doors.**

名詞 leak =「漏れ」は可算(leakage は可算・不可算の両方)。「空気漏れ」は air leaks と複数形。

**Radioactive isotopes have many uses in industry and medicine.**

動詞は find (見つける)も可。uses =「用途」は applications も可。radioactive isotopes =「放射性同位体」は可算。

**A head-mounted display (HMD) has many uses, including gaming, aviation, and engineering.**

例示の including は便利。including 前にコンマ可。名詞を3つ以上羅列するときは接続詞 and の前のコンマ(シリアルコンマ)で明確に。

**Common tools for driving screws include screwdrivers and impact drivers.**

include =「〜を含む」で例示。common =「一般的な」、screwdrivers =「ねじ回し」、screws =「ネジ」。

**The benefits of car use include mobility, independence, and convenience.**

例示に include =「〜を含む」。

**Standard washing machines use about 150 liters of water per load.**

「150 リットルの水」は 150 liters of water。不可算の「水」に 150L という区切りを持たせる。A glass of water(コップ1杯の水))と同様。「1回の洗濯」は per load(積み込み1回あたり)や per washing cycle(洗浄サイクル1回あたり)。

**This investigation uses the common fruit fly as its subject.**

主語に視点を定めて its subject(その対象)と表す。common =「一般的な」、fruit fly =「ショウジョウバエ」、subject =「対象」。

**Every mobile platform uses a different development environment and a different programming language.**

「〜が異なれば〜も異なる」は Every や Each で主語を単数に絞り後半で a different ___ とする。または「different+ 複数形 × 2」で Different mobile platforms use different development environments and different programming languages. も可。

**Our stacked architecture uses nearly 90% less space than today's products on the market.**

Our stacked architecture saves nearly 90% of the space as compared with today's products on the market. より平易。

**069** 精油は種類によらず使用前に**希釈**する必要がある。

「すべての精油は、使用前の希釈を必要とする」

---

**070** 持続的な癌治療のためには、**癌細胞**をすべて**除去**または**抑えること**が重要である。

「重要である」も SVO に。「持続的な癌治療は、癌細胞をすべての除去または抑えることを必要としている」

---

**071** **電気自動車**は、AC または DC 電源により**電池**を**充電する**。

「電気自動車は、AC または DC 電源を、電池を充電するために使う」

---

万能動詞 have, require, use, include を使って連続する複数文も英作してみましょう。**もっと英作練習**

スマートフォンの前面はユーザーのタッチに**応答するタッチパネル**から構成され、**デジタルペン**などの**外部ハードウェア**を必要とせずにユーザーの指だけで操作できる。**プロセッサがソフトウェア**でデータを**解析**し、毎回のタッチの詳細を把握する。つまり、**画面**上の押部の**位置**や**大きさ**や**形状**などを**把握する**。
The smartphone has the front touch screen that responds to a user's touch. The touch screen requires no external hardware such as a digital pen but requires only the user's finger. The processor uses software to analyze the data and determine the features of each touch. This **includes** the location, size, and shape of the touched area on the screen.

---

**ワンポイント** ▶ **アメリカ医師会のおすすめは Use use!（use を使いましょう）**

アメリカ医師会のスタイルガイドには use, usage, utility, utilize, employ についての記載がありますが、特に平易な単語 use が推奨されています。（*AMA Manual of Style*, p.404 より）。

● use は utilize よりも好ましい。utilize は「有益または実用的な使用を見出す」という意味で、新しい用途を発見したことを示唆するが、そのような場合であっても use を使うとよい。

During an in-flight emergency, the surgeon utilized a coat hanger as a

### 069 All essential oils require dilution before use.

受け身 All essential oils need to be diluted before use. を避ける。essential oils は種類を表すために可算・複数。

### 070 A sustainable cancer cure requires the elimination and mitigation of all cancer cells.

require =「〜を必要とする」で「重要である」を表す。elimination =「除去」、mitigation =「軽減」はそれぞれ eliminate, mitigate の名詞形。

### 071 Electric vehicles require a source of AC or DC power to recharge their batteries.

require =「〜を必要とする」または use =「〜を使う」が可。

---

"trocar" during insertion of a chest tube.
（飛行中の緊急時、外科医は胸腔チューブの挿入にハンガーをトロカールとして利用した。）

Some urban survivors utilized plastic garbage cans as "lifeboats" to escape flooding in the aftermath of Hurricane Katrina.
（**都市部の**生存者には、救命ボートの代わりにプラスチック製ごみバケツを利用し、ハリケーン・カトリーナによる洪水から逃れた者もいた。）

＊例外として utilization review（ユーティリゼーション・レビュー）と utilization rate（利用率）は utilize は許容。

● usage は許容可能・通例的・慣習的な方法や用語の意味であり、言語学的な意味合いが強い。標準的な方法への言及が無く、広い意味の場合には、名詞 use が正しい。

The correct usage of regime vs regimen is discussed on page 401.
（regime と regimen の正しい用法については P401 に説明している。）

Who determines what is correct usage?
（正しい使い方について誰が決めるのか。）

use が適切な文脈で、大げさな usage を使いたがる著者もいる。utilize を避け、usage に気を付け、use を使うとよい。

＊ utility は「目的に合うこと」であり、有用性を表す。utility は名詞 use としては使えない。また、use の意味で employ を使うのもやめ、employ は「雇用する」の意味だけに使う。

　具体的な意味を持つ**動詞1語を使う**ことが大切です。SVOを作る効果的な他動詞を使い、イディオム（群動詞）は避けます。**具体的な意味を表す明快な他動詞**の活用例を紹介します。動詞のパワーを感じてください。

---

| 072 | 繰り返し作業の多い仕事は、AIに取って代わられるだろう。 |
|---|---|

### ▶ 1語の動詞を選ぶ

　「〜に取って代わる」はtake the place ofというイディオム（群動詞）を使いたくなる場合にも、一語で表せる動詞を探します。re＝「再び」＋place＝「置く」で置き換える→取って代わる、を意味する動詞があります。「〜だろう」は助動詞で表します。willも可能ですが、willは「絶対そうである」という強い意味になります。can「その可能性がある」を使います（助動詞はp. 74）。

---

| 072 | Artificial intelligence **can replace** jobs involving repetitive tasks. |
|---|---|
| | 　　　　S　　　　　　　　　　V　　　　　　　　　O |

　具体的な動詞replace（〜にとって代わる）を使って、短く表します。jobsに続く分詞involvingは「〜を伴う・含む」を意味します。tasks＝「作業」とjobs＝「仕事・職業」は可算です。複数形を選択します。

---

| 086 | クラウドコンピューティングは中小企業に利点をもたらす。 |
|---|---|

### ▶ 知っている名詞が動詞になることがある

　「利点」＝benefitという名詞を知っている人は多いでしょう。名詞の使い方に馴染みがある単語が動詞で使えることがあります。注意深く辞書を引いて、効果的に使える他動詞や具体的な意味を表す他動詞が見つかれば積極的に使いましょう。

---

| 086 | Cloud computing **benefits** small and medium-sized companies. |
|---|---|
| | 　　　　S　　　　　　　V　　　　　　　　　　O |

　動詞のbenefitは「〜に利点をもたらす」を表します。後ろに「利点をもたらす対象」を置きます。簡単に使える他動詞です。

## ● 様々な動詞に触れる　もっと英作練習

他動詞の効果的な活用で英文が引き締まり、文全体が読みやすくなります。

### ● replace = ～に取って変わる

若い人たちは、テレビを見る代わりに**オンライン動画**を見るようになった。
Online videos have **replaced** TV time for young people.

### ● represent = ～を表す・意味する

道路を走る**車両**はすべて**移動可能な** IoT 機器といえる。
Every vehicle on the road **represents** a mobile IoT device.

### ● minimize = ～を最小限にする

ドラム缶の撤去作業に **GPS** を利用したことによって、**潜在的な危険**地域での作業時間を**最小限に短縮**できた。
Using the global positioning system (GPS) for the drum removal operation has **minimized** the time spent in a potentially hazardous area.

### ● list = ～を列挙する

本ページには、**受講可能な**コースと**補足資料の一覧が提供**されている。
This page **lists** available courses and their supplemental materials.

### ● feature = ～を特徴としている

この新型テレビは数多くのコネクタを有しているので、**ゲーム機**、DVR、コンピューターとの**シームレス**な**統合**ができる。
The new TV models feature many connectors for seamless integration with video game consoles, digital video recorders (DVRs), and computers.

### ● reduce = ～を減らす、eliminate = ～を無くす

**自動運転車両**により、タクシー、トラック、宅配の運転手が**減少する**か**不要になる**かもしれない。
Self-driving autonomous vehicles may **reduce or eliminate** the need for taxi drivers, truck drivers, and delivery drivers.

### ● simulate = ～を再現する

**電子たばこ**とは、たばこを燃やさずに**喫煙**の体験を**再現する**ものである。
An electronic cigarette simulates smoking without burning tobacco.

**072** **繰り返しの多い**仕事は、**AI**に**取って代わられる**だろう。

take the place of の群動詞(イディオム)を避けて動詞一語で。

**073** **移動式**キャビネットにより、オフィスのスペースを**最大限に活用**できる。

make the most of(〜を最大に活用する)の群動詞(イディオム)を避けて動詞一語で。

**074** **IPによる**コミュニケーションを**サポートする自動化システム**を選択することで、**配線を最小限に減らす**ことができる。

reduce...as much as possible のような長い表現を避けて動詞一語で。

**075** 弊社の自動**注油**システムを採用すれば、**装置メンテナンス**の頻度を**減らす**ことができる。

「弊社の自動注油システムは、装置メンテナンスの頻度(必要性)を減らす」

**076** **レンズフード**によって、**画角**外からの**迷光**により生じる**フレア**を**防ぐ**ことができる。

主語は「レンズフード」

**077** **屋根に設置されるソーラーパネル**は、**厳しい天候に耐える**ことができる。

主語「屋根に設置されるソーラーパネル」は平易に rooftop solar panel。

**078** この**防水電子書籍リーダー**は、最長60分間2メートルの深さに**浸水して**も**耐えられる**。

「浸水に耐えられる」を文の骨組みとして SVO で表す。

**079** 数字は、**長さ**、**距離**、**サイズ**、**面積**、**密度**、**速度**といった**量**を表す。

「数字は量を表す」をまず英作。「数字」は A number または Numbers。「表す」は「長さ、距離、サイズなどを意味する・象徴する」。

**080** **拡張現実(AR)**では、**人工物体**が現実の環境の中で**再現される**。

「拡張現実(AR)は、人工の物体を現実の環境の中で再現する」。

**072** Artificial intelligence can replace jobs involving repetitive tasks.

replace =「〜に取って代わる」。involving は「〜を伴う・含む」。task は個々の作業。

**073** Mobile cabinets can maximize office space.

maximize =「〜を最大に活用する、最大にする」。

**074** Choosing automation systems that support IP-enabled communications will minimize wiring and cabling.

minimize =「〜を最少にする」は maximize =「〜を最大にする」の反対語。「配線」を表す wiring and cabling は不可算(可算の wires and cables も可)。IP は Internet Protocol の略だが IP-enabled communications とする。スペルアウト有無は読み手の知識に応じる。

**075** Our automated lubrication system will reduce the need for machine maintenance.

reduce the need for で「〜の必要性が減る」つまり「頻度が減る」。will または can が使えるが、「起こりうる可能性が高い」will を使う(助動詞は p. 74)。

**076** A lens hood can eliminate any flare caused by stray light from outside the angle of view.

eliminate =「〜を無くす」。any flare で「生じるであろうフレア」と表す。stray light =「迷光」、the angle of view =「画角(カメラで撮影される写真に写される光景の範囲を角度で表したもの)」

**077** Rooftop solar panels can withstand extreme weather conditions.

withstand =「〜に耐える、〜に持ちこたえる、〜に耐性がある」。「厳しい天候」は conditions(条件、複数形)を加えて具体的に。

**078** This waterproof e-book reader can withstand immersion in 2 meters of water for up to 60 minutes.

withstand =「〜に耐える、〜に持ちこたえる、〜に耐性がある」。waterproof =「防水の」。2 meters of water(2メートルの深さ)の数の表し方は a glass of water(コップ1杯の水)と同様。for up to 60 minutes. =「最長 60 分間」。

**079** Numbers represent amounts, such as length, distance, size, area, density, and speed.

represent =「〜を表す」。amount(量)は可算。length(長さ)、distance(距離)、size(サイズ)、area(面積)、density(密度)、speed(速度)は可算・不可算の両方あるが、ここで不可算・無冠詞で表す。「数字」を単数にすると A number represents an amount, such as length, distance, size, area, density, or speed. となる。

**080** Augmented reality simulates artificial objects in the real environment.

simulate =「〜を再現する」。objects =「物体」。略語 AR はスペルアウトのみが可能。

**081** **直流回路**は、**一方向**のみに流れる**電流**を**通す**。
「電流を通す」の動詞を検討。

**082** **暖房**、**換気**、**エアコン**が米国の**教育施設**における**電気**の使用の約 40% を**占める**。
「〜を占める」は account for ... が考えられるが、一語で表す別動詞を検討。

**083** **社会的距離**とは、**主**に人との一定の距離を保ち、密を避けることをいう。
「社会的距離」は social distancing（不可算「距離を取ること」）と social distance（可算「距離」）がある。
「密」は「大人数で集まること」とする。

**084** **アーク溶接**では、**加工物**と**電極**の間に**電気アーク**を**生じさせる**。
「アーク溶接」を主語に。

**085** **遺伝子工学**とは、**生物工学**により**生物**の**遺伝子**を**操作**することである。
「〜とは〜すること」の定義文には refer to ... も使えるが、動詞一語を探す。

**086** **クラウドコンピューティング**は中小企業に**利点をもたらす**。
「利点をもたらす」は bring benefits to ではなく動詞一語。

**087** **バイオ燃料**および**バイオマス**を活用することで、**環境**と社会に**恩恵がもたらされる**。
「恩恵がもたらされる」を動詞一語で。

**088** 表 1 に、コマンドの**入力**に使用できるショートカットキーの**一覧を示す**。
「一覧を示す」を動詞一語で。

**089** **シリコン**は、**太陽電池**の**用途**では非常に重要な材料である。
「非常に重要な材料である」を「**優位を占める**」と表す。

**090** **人工衛星**は、**赤道**に対して傾斜した**軌道**で**地球**を**周回する**。
「周回する」を表す他動詞を使う。

**091** **化学反応**が起こると、複数の**物質**が化学変化を起こし、1 つの別の**物質**になる。
「物質が化学反応を起こす」を「物質が化学反応を受ける」

**081** A direct-current (DC) circuit carries current that flows only in one direction.

carry =「〜を運ぶ」。略語 DC はスペルアウトが先、略語を括弧内に。

**082** Heating, ventilation, and air conditioning constitute about 40 percent of electricity use in U.S. educational facilities.

constitute =「〜を占める」。Heating, ventilation, and air conditioning(暖房、換気、エアコン)の列挙にシリアルコンマ(p. 121)使う。

**083** Social distancing typically involves keeping a certain distance from others and avoiding gathering together in large groups.

involve =「〜を必要とする・〜含む・〜を伴う」は便利な動詞。便利な副詞 typically =「典型的に、主に」を使う。

**084** Arc welding involves striking an electric arc between the workpiece and the electrode.

involve =「〜を必要とする・〜含む・〜を伴う」は include(〜を含む)と require(〜を必要とする)の中間のニュアンス。目的語 striking an electric arc(電気アークを生じさせる)を続ける。welding =「溶接」、workpiece =「加工物」、electrode =「電極」。

**085** Genetic engineering involves the manipulation of an organism's genes using biotechnology.

involve =「〜を必要とする・〜含む・〜を伴う」は便利。Genetic engineering is the manipulation…という be 動詞や refers to(〜ということである)よりも動詞 involve を使った SVO で。

**086** Cloud computing benefits small and medium-sized companies.

benefit =「〜に利点をもたらす、〜のメリットとなる」。small and medium-sized companies =「中小企業」。

**087** Biofuel and biomass use can benefit the environment and society.

benefit =「〜に利点をもたらす」。

**088** Table 1 lists keyboard shortcuts for entering commands.

list を動詞「〜を列挙する」で使う。

**089** Silicon dominates solar cell applications.

Silicon is a very important material for solar cell applications. よりも短く表現。dominate =「〜の中で優位を占める」。

**090** An artificial satellite orbits the Earth with its path forming an angle with the equator.

orbit は自動詞・他動詞両方(周回する、〜を周回する)。他動詞で SVO を作る。

**091** In a chemical reaction, a set of substances undergo a chemical change to form a different substance.

undergo =「〜を受ける」は主語と動詞の幅が広く万能。substance =「物質」は可算。

**092** 原子力発電所では、**ウラン燃料が核分裂反応**を起こし、大量の**熱**を発生させる。

「核分裂反応を起こし」を「核分裂反応を経験し」と読み替える。

**093** 6 つの**関節**を持つ**産業用ロボット**は、人間の腕と**よく似た形をしている**。

「〜と似た形状である」を動詞一語で。

**094** **DNA 分子**は、**ねじれたはしごのような形をしている**。

「〜のような形をしている」を動詞一語で。

**095** AB シリーズのプリンターは、高**速**、高**性能**、同類での業界最小**サイズ**を**特徴とする**。

「〜を特徴とする」を動詞一語で。

**096** 圧縮ばねによって**ピストン**が**下方に付勢され**、排水が**閉じる**。

「〜を付勢する」を動詞一語で。

**097** **入力** A と B の**排他的論理和を取る**。

「〜の排他的論理和をとる(calculate an exclusive OR (EOR) of ...)」を二語で。

**098** **チタニウム**と他の**金属**を混ぜて**合金にする**ことで、**強度**を増すことができる。

「合金にする(form an alloy)」を動詞一語で。

**099** **IoT** 機器は人間の数を遥かに**超えている**。

「超えている」に平易な動詞を。

**100** **臨床試験**において、2 つの**薬剤**は他の**実験的治療法**よりも**良好な結果を示した**。

「〜よりも良好な結果を示した(showed better results than ...)」を動詞一語で。

**101** **コネクテッドデバイス**の数はすでに世界人口の約 **3 倍となり**、データ駆動型 **IoT(Internet of Things)** を**可能にしている**。

「約 3 倍となり」は「数が勝る」と「3 倍」を組み合わせる。

**092** At nuclear power plants, uranium fuel undergoes nuclear fission and generates a large amount of heat.

nuclear power plants =「原子力発電所」、uranium fuel =「ウラン燃料」、nuclear fission =「核分裂反応」。

**093** An industrial robot with six joints closely resembles a human arm.

An industrial robot with six joints has a very similar shape with a human arm. よりも短い。resemble =「～に似ている」。動詞を活かすと副詞 closely =「よく・密接に」も活かせる。

**094** The DNA molecule resembles a twisted ladder.

The DNA molecule looks similar to a twisted ladder. や The DNA molecule looks like a twisted ladder. よりも短い。resemble =「～に似ている」。

**095** The AB series printers feature high speed, high performance, and the smallest size of the printers of the same class.

feature =「～を特徴とする、売りにしている」。feature は名詞もあるが動詞を活用。

**096** The compression spring urges the piston downward, thus closing the drain.

urge =「～を付勢する」。文末の分詞(, thus closing the drain)で説明を足す(p. 95)。

**097** Inputs A and B are exclusively ORed together.

exclusively OR =「～の排他的論理和を取る」。接続詞 or を動詞として使う面白い表現。

**098** Titanium can be alloyed with other metals to increase its strength.

alloy =「～と合金を作る」。alloy =「合金」を動詞で使う。

**099** IoT devices already far exceed the total human population.

exceed =「～を超える」。far =「遥かに」。IoT は Internet of Things(モノのインターネット)。

**100** The two drugs outperformed other experimental treatments in the clinical trial.

The two drugs performed better than other experimental treatments in the clinical trial. や The two drugs had better performance than other experimental treatments in the clinical trial. よりも短い。outperform =「～より優れている」。

**101** Connected devices already outnumber the global population almost threefold, enabling the data-driven Internet of Things.

The number of connected devices is already larger than the global population ... よりも短い。outnumber =「～よりも数が多い」。文末の分詞(, enabling the data-driven Internet of Things)で説明を足す(p. 95)。

「〜を可能にする」「〜を許容する」「〜を引き起こす」を表す**便利な動詞**
**enable, allow, cause** を練習します。**enable** と **allow** には、「可能にする」「許
容する」をポジティブに表す役割があります。また、enable と allow さらに
cause には、主語と動作の間に入って、両者の関係を適切にする役割もあります。

enable/allow/cause の直後に名詞を置いて「動作を可能にする・許容する・
引き起こす」を表せます。また、直後に人かモノを置いて、その後に「to+ 動詞」
を置くことで、「人やモノが〜することを可能にする・許容する・引き起こす」
を表すこともできます。

enable と allow は多くの文脈で交換可能です。enable は積極的に可能にする
ことを表し、ポジティブな意味が強くなります。allow は許容することを表しま
すが、enable よりもポジティブな意味が弱くなります。cause にはポジティブ
な意味がありません。

### enable, allow, cause の違い

- enable 〜を積極的に可能にする。起こることが強く望まれる内容に使う。
- allow 〜を許容する。起こることが望ましい内容に使う。
- cause 〜を引き起こす。起こることが望ましい・望ましくない両方の内容に使う。

### 使いかたは共通

① enable, allow, cause ＋動作を表す名詞
② enable, allow, cause ＋「人・モノ」＋ to ＋動詞

---

**102** 新しい暗号化技術により、データ通信がより安全になる。

### ▶ enable の後ろは起こることが望まれる内容で、allow と交換可能

「新しい暗号化技術がより安全なデータ通信を可能にする。」と和文を組み立て
直します。「より安全なデータ通信」は比較級を使って more secure data
communications とします（比較級は p. 110）。

---

**102** The new encryption technology **enables** more secure data
  　　　　　　　　　　　　　S　　　　　　　　V　　　　O
  communications.

「enable ＋動作を表す名詞」を使ったシンプルな SVO の完成です。enable は allow と交換可能なため The new encryption technology **allows** more secure data communications. も可能です。enable のほうがポジティブな意味が強くなります。allow, enable を使った SVO は、SVOC の The new encryption technology makes data communications more secure. よりも組み立てやすく、読みやすい利点があります。

---

| | |
|---|---|
| **109** | 携帯電話の SMS では、ユーザーは短い文字データを送ることができる。 |

## ▶ 人・モノを動詞の直後に置く場合には to + 動詞が必要

次に、「ユーザーが～できる」のように動作の主体を表す場合には、enable, allow の後ろに人を置いて SVO を作ります。

---

**109** The short message service (SMS) **allows** a mobile phone user to
    S            V            O

send short text messages.

---

「allow ＋「人・モノ」＋ to ＋動詞」の型を使った表現です。動詞の後ろに置く「人」は文脈に応じて us（私たち）や user, operator など様々です。ここでは a mobile phone user「携帯電話のユーザー」という短く具体的な人を使います。allow を enable に置き換えられます。The short message service (SMS) enables a mobile phone user to send short text messages. も似た意味になります。

to ＋動詞となる場合に、allow や enable の直後に to を置くのは文法的誤りです（× The short message service (SMS) <u>allows to send</u> short text messages. や × The short message service (SMS) <u>enables to send</u> short text messages.）。このような場合には、to の後ろに「私たち(us)」を置けば誤りを回避できます。The short message service (SMS) enables **us** to send short text messages. とします。さらに us を a mobile phone user や mobile phone users と具体化できないかを検討します。

113　デスクトップを右クリックすると、メニューがポップアップ表示される。

## ▶ 主語と動作の関係をうまくまとめる enable/allow/cause

「デスクトップを右クリックすることが、メニューのポップアップを表示させる」と日本語を組み立て直し、そのまま SVO を作ると、Right-clicking the desktop **displays** a pop-up menu. となります。これも可能ですが、「右クリックすることが」→「表示させる」の関係が直接的すぎると感じるかもしれません。そのような場合に主語と動作の間に入ってクッションのような役割を果たすのが enable, allow, cause です。

| 113 | Right-clicking the desktop **causes** a pop-up menu to appear. |
|---|---|
| | S　　　　　　　　　　V　　　　　　O |

Right-clicking the desktop **enables/allows/causes** a pop-up menu to appear. のいずれも可能です。ポジティブな意味が不要で技術を客観的に説明する場合には cause を使います。

---

### ワンポイント　不要語を省く

不要な単語を一語でも減らして読み手に早く情報を伝えます。アメリカ化学会のスタイルガイド(*The ACS Style Guide: Effective Communication of Scientific Information*, 3rd Edition)に基づく指針(【　】に記述)を参考にして例文リライトを行います。

【It has long been known that のような空っぽフレーズを避ける】
水星と地球には金属**核**があることが知られている。
It has long been known that Mercury and the Earth have metallic cores.
→ Mercury and the Earth have metallic cores.

【There are/is を控える】
不均一系触媒反応には 7 つの段階がある。
There are seven steps in heterogeneous catalysis.
→ Heterogeneous catalysis has seven steps. (SVO) または
　 Heterogeneous catalysis proceeds in seven steps. (SVC)

【by means of は by にする】

質量分析により、タンパク質構造を調べた。

The protein structure was investigated by means of mass spectrometry.

→ The protein structure was investigated by mass spectrometry.

【small in size は small だけにする】

そのウイルス粒子はサイズが小さい（直径約 20nm）。

The viral particle is small in size (approximately 20 nm in diameter).

→ The viral particle is small (approximately 20 nm in diameter).

→ The viral particle has a diameter of approximately 20 nm.

【in order to は to だけにする】

希釈乳剤の粘性を調査するために、安定した乳剤を調合する技術の開発が必要になった。

In order to investigate the viscosity of dilute emulsions, it became necessary to develop a technique for preparing stable emulsions.

→ To investigate the viscosity of dilute emulsions, a technique needs to be developed for preparing stable emulsions.

→ Investigating the viscosity of dilute emulsions requires a technique for preparing stable emulsions.

【仮主語を避ける】

肉を避けた食事によって 2 型糖尿病や高血圧などの健康問題のリスクが減ることは明らかである。

It is clear that meat-free diets can reduce the risk of developing health problems such as type 2 diabetes and high blood pressure.

→ Clearly, meat-free diets can reduce the risk of developing health problems such as type 2 diabetes and high blood pressure.

**102** 新しい**暗号化**技術により、**データ通信**がより**安全**になる。

「新しい暗号化技術がより安全なデータ通信を可能にする」

**103** **Wi-Fi** を使えばパソコンを無線でインターネットに**接続できる**。

「Wi-Fi がパソコンの無線インターネット接続を可能にする」

**104** **本アプリ**により、**無線での 10 名までの画面共有**が**可能になる**。

「本アプリが、無線での 10 名までの画面共有を可能にする」

**105** **付加製造つまり 3 次元印刷**によると、**材料の高速設計**および**製造が可能になる**。

「材料の高速設計および製造」を正しく英作。

**106** **最近の分子細胞遺伝学**における**進歩**により、遺伝子**診断**のための**染色体異常の特定**が**可能になった**。

「最近の分子細胞遺伝学における進歩が、遺伝子診断のための染色体異常の特定を可能にした」

**107** **IT** を活用すれば、コスト削減だけでなく、**業務のスピードアップ**、**品質向上**、**ミス低減**など、**生産性**の向上にもつながる。

「IT は、〜を可能にする」として、目的語に名詞を列挙。

**108** 新しい技術により、**生きている**動物およびヒトの **5 次元の撮像**が**実現できる**。

「実現できる」に enable が使える。「新しい技術が、生きている動物およびヒトの 5 次元の撮像を可能にする」

**102** The new encryption technology enables more secure data communications.

enable の直後に名詞。「より安全なデータ通信」は比較級 more secure data communications(比較級は p. 110)。The new encryption technology makes data communications more secure. という SVOC よりも簡単。enable を allow に置き換えても類似の意味。

**103** Wi-Fi allows wireless connection of your personal computer to the Internet.

allow, enable の両方可能。Wi-Fi allows you to wirelessly connect your personal computer to the Internet. で「allow + 人・モノ + 動詞(人やモノが~することができる)」ともできるが、動詞の直後に動作を置く。

**104** This application allows wireless screen sharing for up to 10 users.

allow/enable の後ろは動作単体が可能。screen sharing =「画面共有」。

**105** Additive manufacturing or 3D printing enables the rapid design and fabrication of materials.

Additive manufacturing or 3D printing rapidly designs and fabricates materials. という直接的な関係が成り立たないときに enable, allow を使用。enable は「積極的に可能にする」、allow は「可能にする」の意味で交換可能。additive manufacturing(付加製造)とは数値表現から材料を付着させて3次元形状の物体を作成するプロセスのことであり、3D printing (3次元印刷)と同義。

**106** Recent advances in molecular cytogenetics have allowed identification of chromosome abnormalities in genetic diagnosis.

Recent advances in _____ have allowed (enabled) =「近年の_____における進歩により~が可能になった」は定番表現。現在完了時制で「過去から現在の状況を一度に表す(時制は p. 50)。Recent advances in molecular cytogenetics have identified chromosome abnormalities in genetic diagnosis. という直接的な関係が成り立たないときに enable/allow を使用。molecular cytogenetics =「分子細胞遺伝学」、chromosome =「染色体」。

**107** Information Technology (IT) enables faster business operations, higher qualities, and fewer errors in addition to cost cuts, and increases productivity.

enable + 名詞(faster business operations, higher qualities, and fewer errors)で簡潔に表現。比較級 fewer(より少ない)は可算名詞に。

**108** The new technology enables 5-dimensional imaging in live animals and humans.

enable/allow の直後に動作などを置く。animals and humans は可算・複数形が適切。

**109** 携帯電話の SMS では、ユーザーは短い**文字データ**を送ることができる。

「ユーザーは〜ができる」と動作の主体を表す。enable/allow の後ろに人を置く。

**110** この**ガンマカメラ**を利用して、学生は**安全な環境**で**核医学検査**を**練習する**ことができる。

「学生は〜ができる」と動作の主体を表す。enable/allow の後ろに人を置く。

**111** **模擬手術**により、**外科医**は患者にリスクを与えずに技術スキルを**練習する**ことができる。

「外科医は〜ができる」と動作の主体を表す。enable/allow の後ろに人を置く。

**112** 人間の**日常活動**の多くが原因となり**温室効果ガス**が発生している。

「人間の日常活動の多くが温室効果ガスの発生を引き起こしている」

**113** デスクトップを**右クリックする**と、メニューがポップアップ**表示される**。

「デスクトップを右クリックすることが、メニューのポップアップ表示を引き起こす」

---

**ワンポイント** enable/allow はポジティブ、cause はニュートラルまたはネガティブ

**もっと英作練習**

　enable/allow/cause はいずれも同じ用法のため、使い分けは意味に応じます。ポジティブな意味を持つ enable/allow を選択しない場合に cause を選ぶことになるため、cause を使う文脈は、ネガティブな内容となることも多くなります。一方で、必ずしもネガティブではなく、中立的な内容にも cause を使うことができます。

● cause

**スピード違反**が車の事故の原因の 75%を占める。（ネガティブ）
Speeding causes 75% of car accidents.

要求仕様が不明確な場合には、ソフトウェアのバグが生じる可能性がある。（ネガティブ）
Unclear specifications can cause software bugs.

月は地球の周りを**公転している**ために、**相**を有する**ように見える**。（中立的）

**109** The short message service (SMS) allows a mobile phone user to send short text messages.

allow＋「人・モノ＋to＋動詞」の型。動詞の後ろに置く「人」は a mobile phone user（携帯電話のユーザー）。名詞を羅列して短く具体的に表現。

**110** This gamma camera allows students to simulate nuclear medicine procedures in a safe environment.

allow＋「人・モノ＋to＋動詞」の型。「人」は students 意外にも、別の文脈では users や operators といった具体的な人、または us（私たち）。

**111** Surgical simulation allows surgeons to practice their technical skills without any risk to patients.

allow＋「人・モノ＋to＋動詞」の型。Surgical simulation ＝「模擬手術」、surgeons ＝「外科医」、patients ＝「患者」。

**112** Many of humans' daily activities cause emissions of greenhouse gases.

cause の直後に emissions of greenhouse gases ＝「温室ガスの発生」を置く。humans は可算・複数形、activity は「活動」の意味で可算・複数形。

**113** Right-clicking the desktop causes a pop-up menu to appear.

cause ＝「〜を引き起こす」。直後に名詞を置き、名詞が行う行為の動詞を to の後に。Right-clicking the desktop displays a pop-up menu.（デスクトップを右クリックすることが、メニューのポップアップを表示する）のように動詞 display で直接表現も可。

---

The revolution of the moon around the Earth causes the moon to appear to have phases.

● allow/enable

アリのコロニーでは、**集団性**により労働や**資源**の分割が可能となっている。（ポジティブ）
In ant colonies, collectivity allows division of labor and resources.
In ant colonies, collectivity enables division of labor and resources.

インスタグラムでは写真やビデオを**共有**できる。（ポジティブ）
Instagram allows you to share photos and videos.
Instagram enables you to share photos and videos.

様々な道具により、**物理学者**は光の**波長**を**測定する**ことができるようになった。（ポジティブ）
A variety of instruments allow physicists to measure the wavelength of light.
A variety of instruments enable physicists to measure the wavelength of light.

## 1-9 時制

英文の動詞は時制を一緒に表します。**今に重点を置いた現在形、過去と今を一度に表す現在完了形、今とは途切れた過去を表す過去形**の3つの時制を理解することが大切です。加えて、現在動作が進行している臨場感を出せる**現在完了進行形**と**現在進行形**も理解しておくと便利です。日本語と比べて英語の各時制の意味は厳格です。日本語によらず、英文での時制を適切に選択しましょう。

---

**114** 車のタイヤがパンクした。

### ▶ 今の状態を表す

タイヤがパンクした時点は過去の出来事ですが、今もパンクしていることを表す場合には現在形で表します。

---

The car **has** a flat tire.
　　 S 　　V 　　　O

---

「パンクした」→「パンクしている」と読み替えて現在の状態として表すのが自然です。過去形 The car had a flat tire. は「過去にパンクしたが今はパンクしていない」ことを示します。

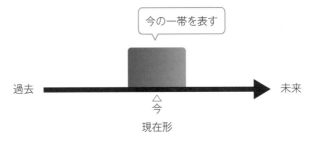

### ▶ 過去形は過去の一点に縛られた出来事を表す

英語の過去形は、今と切り離して表します。「2日前にパンクした」などと具体的な時期を示してその時点のみの出来事として表すときには、過去形を使います。過去形は時間軸の一点に縛られた時間を表します。

---

The car had a flat tire two days ago. It has a new tire now.
2日前にタイヤがパンクしたので、取り替えた。

---

現在形　　　　　　　　　　　　　過去形

---

**119** 関数型プログラミングがソフトウェア開発者の間で注目されている。

## ▶ 英語には様々な時制がある

　「注目されている」の英語の時制の可能性を考えてみましょう。動詞は gain popularity を使います。

Functional programming **has gained** popularity among software developers.
（これまでも注目されてきた。今も注目されている）【現在完了形】
Functional programming **has been gaining** popularity among software developers.
（ここ最近、注目されている）【現在完了進行形】
Functional programming **is gaining** popularity among software developers.
（今まさに注目度が高まっている）【現在進行形】

　現在完了形（have + 動詞の過去分詞形）は、過去から今に至る状態を一度に表します。現在完了進行形（have + been + 動詞 ing）は最近の動きを表します。現在進行形（be 動詞 + 動詞 ing）は、今の瞬間の動きを表します。使う時制によって、ニュアンスが変わります。まずは各時制を理解することが大切です。その先は、いつ起こった事象であるか、という事実に基づく観点に加えて、「その事象をどのように提示したいか」という表現方法として理解して使いこなします。

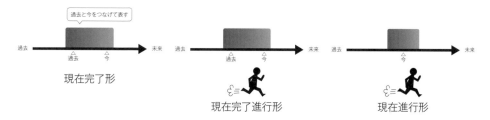

現在完了形　　　　　　　現在完了進行形　　　　　　現在進行形

現在形は「普遍事実」、過去形は「過去の一点」が表されます。

Functional programming gains popularity among software developers.
関数型プログラミングというものは、ソフトウェア開発者の間で注目を集める
ものだ。

＊現在形を使うと、普遍事実を表します。

Functional programming gained popularity among software developers.
関数型プログラミングが、ソフトウェア開発者の間で過去に注目を集めた。（過
去の出来事）

＊過去形を使うと、現在は状況が異なることを表します。

## ▶ 現在完了形の代表的な役割──過去から今の状況を表す

　現在完了形は、日本語にはない時制です。様々な日本語に対応して「過去から
現在に至る状況」を表せます。 もっと英作練習

Rich Oil 社は **LNG（液化天然ガス）**を輸送する LNG 船の**設計**で**先駆的な役割を
果たしてきた。**
Rich Oil Corporation **has pioneered** the design of LNG carriers for
transporting liquefied natural gas (LNG).

**オゾン層の減少**により、**地表に届く中波長紫外線 (UVB)** の量が**増加した。**
Ozone layer depletion **has increased** the amount of ultraviolet-B (UVB)
that reaches the earth's surface.

**アスベスト**は、**断熱**や**難燃性**の付与を目的として、種々の**建材**に使われてきた。
Asbestos **has been used** in a variety of building materials for insulation
and as fire-retardant.

## ● 現在完了形のもう１つの便利な使い方——今から見た時制のズレを出す

　現在完了形のもう１つの役割として、**今から見た時間のズレを強調する**のに活用できます。次のような文脈です。**もっと英作練習**

特殊処理を経た布は水、油、汚れが付きにくい。

The fabric **that has undergone special treatment** repels water, oil, and other stains.

(= After special treatment, the fabric repels water, oil, and other stains.)

× The fabric **that underwent special treatment** repels water, oil, and other stains.

AI を使ったスマートホームシステムでは、変更された予定があった場合には、家の所有者に**警告する**。

A smart home system using artificial intelligence (AI) will alert the homeowners to events that have changed.

× A smart home system using artificial intelligence (AI) will alert the homeowners to events that were changed.

　過去形は、現在とは切り離され、「過去の時点に貼り付いた出来事」として表されます。一方で、現在完了形はいつも視点が「現在」にあります。そこで、処理の流れを出したい場合や、今から見た過去を表したい場合に使えます。「〜した〜（名詞）」というように日本語で過去の時制を含む描写に現在完了形が使えることがあります。

**114** 車の**タイヤがパンク**した。

「パンクした」の時制。

**115** 今回の**知見**により、全球の**メタン排出量**の**減少**のうち、**年間** 30〜70%が**化石燃料の排出**の**削減**によるものと分かった。

「〜が分かっている」と読み替える現在形で。

**116** **自動車メーカー**では、車部品の**試作品設計**に **3D プリンター**が使用されてきた。

「自動車メーカーは、〜を使用してきた」

**117** **歯科医療**において、銀、銅、**インジウム**、**スズ**、**亜鉛**などの金属と水銀との合金が使用されてきた。

「歯科治療」を主語に、無生物主語が「〜を使う」と表す。平易な動詞 use。

**118** **近年では**、住宅の**建材**や**接着剤**への**有害物質**の使用を抑える**取り組み**がなされている。

「最近の取り組み」を主語に SVO で表現。「取り組みがなされている」の時制を自由に決める。

**119** **関数型プログラミング**が**ソフトウェア開発者**の間で注目されている。

「注目されている」の時制。

**120** **臨床患者群**が**外科手術**を受けた。

既に完了した内容を報告する過去形を。

**121** **製品の種類**が増え、**製品サイクル**が短くなってきている。

be 動詞＋動詞 ing の現在進行形で「今まさに〜している」。

**122** **ハッシュタグ検索**では、同じテーマで**タグ付けられた投稿**を入手できる。

動名詞ではじめる無生物主語・単文・能動態＋助動詞 will で時間のずれを出す。「〜すると」という条件が分かりやすくなる。

**123** **スクリーン**左下隅に**表示されるアイコン**により、**正常に接続した各ユーザーが示される**。

「正常に接続した各ユーザー」を時制で表現。

ルール 12 頭でっかちな主語を避けて動詞を早く出す
ルール 13 「～において」の文頭に句を避けて主語から文を開始する
誤記・不明瞭 ✓ 文法誤記・表記の誤り・不明瞭をなくす
ルール 22 数字表記の決まりを守る(1～10 スペルアウト、単位記号と数値の間にスペース、以上・以下を正し
　　　　く表現)

**1-9**
時
制

**114** The car has a flat tire.

「パンク」は a flat tire。パンクしている状態に現在形 have。過去形 had では、今はパンクしていない。

**115** These findings suggest that reduced fossil fuel emissions annually constitute 30–70 percent of the decrease in global emissions of methane.

現在形は普遍的事実を示す。fossil fuel emissions =「化石燃料の排出」、methane =「メタン」、annually =「一年で」、constitute =「～を占める」。2 つの数値間 30–70 には短いダッシュ(p. 120)。

**116** Automobile manufacturers have used 3D printers in their design process to create prototypes of car parts.

have + 過去分詞(現在完了形)は過去と今をつなげて表す。prototypes =「試作品」。

**117** Dentistry has used alloys of mercury with metals such as silver, copper, indium, tin, and zinc.

have + 過去分詞(現在完了形)は過去と今をつなげて表す。

**118** Recent efforts have focused on reducing the use of hazardous substances in building materials and adhesives.

Recent efforts(最近の取り組み)を主語に。動詞 focus は自他両用。自動詞で受け身を避ける。have + 過去分詞(現在完了形)は最近の出来事を今に焦点を当てて表す。

**119** Functional programming has been gaining popularity among software developers.

have + been + 動詞 ing(現在完了進行形)は「最近～している」。現在進行形 is gaining や現在完了形 has gained も可。使う時制に応じて表し方が変わる。

**120** The group of clinical patients underwent surgery.

undergo =「～を受ける・被る」の過去形 underwent。動詞は undergo の代わりに receive も可能。clinical patients =「臨床患者」。

**121** Product variants are increasing, and product life cycles are becoming shorter.

現在進行形は臨場感を出したいときに。have been increasing/becoming の現在完了進行形も可。

**122** Searching for a hashtag will yield messages with a specific theme tagged with that hashtag.

「ハッシュタグを検索すること」= searching for a hashtag。動詞 yield =「～をもたらす」。

**123** An icon appearing on the lower left corner of the display represents each user that has successfully connected.

後半 each user の説明に現在完了形。今に視点をおいたとき、過去に「～した～」、つまり時間のずれを出す場合に現在完了形。

　技術英文の**基本は能動態**です。**モノを主語**にしながらも**可能な限り能動態で表現します**。無生物主語の SVO、自動詞を使った SV・SVC、効果的な動詞を使った SVO を駆使して能動態で表現できます。一方、モノが主語で動作主が見つからないとき、動作主が重要でないとき、主語を同一にして視点をそろえたい場合には受け身を使います。受け身を効果的に使う例を練習します。

| **124** 産業用ロボットの用途には、溶接、塗装、組み立て、製品検査、試験がある。 |
| --- |

### ▶ 受け身と能動態の両方を自由に使いこなす

　主語を「産業用ロボット」にまず決めてしまい、次に動詞を決める時点で受け身か能動態かを選びます。

| **124** Industrial robots are used in welding, painting, assembly, product inspection, and testing. |
| --- |

### ●能動態

産業用ロボットは、溶接、塗装、組み立て、製品検査、試験に用途を見出す。
Industrial robots find use in welding, painting, assembly, product inspection, and testing.

産業用ロボットは、溶接、塗装、組み立て、製品検査、試験を含む用途を有する。
Industrial robots have applications including welding, painting, assembly, product inspection, and testing.

＊applications の代わりに uses も可能。

　動詞を含めた述部の自由な表現力により、主語を決めてからでも、能動態か受け身かを自由に選べます。その選択は重きを置きたい内容や前後の文章の状態に応じます。

| **131** IoT を通じたデータ収集は有望であるが、電源およびデバイスアクセスを確保することが課題となっている。 |
| --- |

## ▶ 視点をそろえて受け身を使う

前半と後半の視点をそろえることを検討します。和文を組み立て直します。

→ IoT を通じたデータ収集は有望である。しかし、IoT を通じたデータ収集は、電源およびデバイスアクセスを確保する必要性により、(その利用には)限界がある。

これにより、Although IoT data collection holds great promise, securing power sources and device accessibility remains a challenge. **のように後半の主語が長くなることを防ぎます。**

---

IoT data collection holds great promise but **is** often **limited by** the need for power sources and device accessibility.

---

動作主を表す by を使った受け身は通常は能動態に変換できますが、主語をそろえたい理由がある場合には受け身のまま使うことが可能です(「主語をそろえる」については p. 148)。

---

**134** クローラーは、ウェブサイトにアクセスし、ページや他の情報を読み込んで検索エンジンの索引情報を作成するプログラムである。

---

## ▶ 受け身を活かした動詞を使う

受け身と能動態を比較し、それぞれの利点を検討します。

---

**134** A crawler is programmed to visit websites and read their pages and other information to create entries for a search engine index.

---

### ●能動態

A crawler is a program that visits websites and reads their pages and other information to create entries for a search engine index.

---

be programmed to = 「〜するようにプログラミングされている」では受け身を効果的に使って「プログラミングする」という動作を含めます。一方、「クローラー」が「プログラム」であることを知らない読み手が多い場合には、SVCを使った定義文 A crawler is a program that visits ... and reads ... も可能です。利点と欠点を検討し、モノを主体とした動きが出る受け身も適時に活用しましょう。

---

**124** **産業用ロボット**の用途には、**溶接、塗装、組み立て、製品検査、試験**がある。

主語は「産業用ロボット」。動詞を決める時に態を選ぶ。受け身「〜に使用されている」または能動「〜に用途を見出す」

---

**125** **ビタミン D** は脂肪分の多い魚や**栄養強化タイプ**の乳製品に**含まれている**。

「含まれている」を人から見た自然な表現で。

---

**126** **無機ヒ素化合物**は、**土壌、堆積物、地下水**に**存在する**。

「存在する」を人から見た自然な表現で。

---

**127** **感染症**は、**細菌、ウイルス、寄生虫、菌類**などの**病原性の微生物**により**引き起こされる**。

「感染症」「微生物」のどちらを主体とするかに応じて態を選ぶ。

---

**128** **太陽光発電装置**その他の**屋外設置型機器**は変化する天候に 24 時間**暴露される**。

「暴露される」に受け身を。

---

**129** **本薬剤の安全性**と**効果**は**立証されている**が、**投与頻度が高い**ために利用に**限界がある**。

「本薬剤」を主語に使い視点をそろえる。「利用に限界がある」は「その利用は〜により限定される」と読み替え。

---

**130** **エピタキシャル成長**は、**半導体産業**において**重要な手法**であるが、2 つの異なる**物質系の格子**を**整合**させる必要性があるため、その技術は十分に利用されていない。

「エピタキシャル成長」を主語に。主語をそろえて受け身で短く表現。

---

**131** **IoT を通じたデータ収集**は**有望である**が、**電源**および**デバイスアクセス**を確保することが課題となっている。

「IoT を通じたデータ収集」を主語に。

---

**132** **カメラのレンズ**は**通常、明るい光源**が当たった場合に生じる**フレアを防止する**よう**設計されている**。

「〜するよう設計されている」に受け身を。

---

**124** Industrial robots are used in welding, painting, assembly, product inspection, and testing.

受け身で表現。能動態も主語を変えずに表現可。Industrial robots find use in welding, painting, assembly, product inspection, and testing. や Industrial robots have applications including welding, painting, assembly, product inspection, and testing.

**125** Vitamin D is found in fatty fish and fortified dairy products.

is found in... で「～に存在する」。人から見ると「存在する」は「見つかる」。Vitamin D is contained in ...(～に含まれる)よりも自然に表現。fortified =「栄養を強化した」。

**126** Inorganic arsenic compounds are found in soils, sediments, and groundwater.

are found in... で「～に存在する」。exist(存在する)よりも読みやすい。inorganic arsenic compounds =「無機ヒ素化合物」、soils =「土壌」、sediments =「堆積物」、groundwater =「地下水」。

**127** Infectious diseases are caused by pathogenic microorganisms, such as bacteria, viruses, parasites, or fungi.

by を使った受け身。「感染症(infectious diseases)」を主語に。

**128** PV modules and other outdoor components are exposed to changing outdoor weather conditions for 24 hours.

be exposed to ... =「～に暴露される」。必要な場合には受け身を。PV = photovoltaic(光起電力の)。

**129** This drug has been proved safe and effective, but its use is limited by the need for frequent dosing.

動作主 by を使う受け身は、主語をそろえたい場合に。等位接続 but でつなぐ2つの部分の主語が変わる場合は間にコンマ。主語をそろえて This drug has been proved safe and effective but is limited by the need for frequent dosing. も可。

**130** Epitaxy is crucial for the semiconductor industry, but is often limited by the need for lattice matching between the two material systems.

動作主 by を使う受け身は、主語をそろえたい場合に。等位接続 but でつなぐ2つの部分が長い場合もコンマ許容。

**131** IoT data collection holds great promise but is often limited by the need for power sources and device accessibility.

動作主 by を使う受け身は、主語をそろえたい場合に。

**132** Camera lenses are typically designed to be flare-resistant to bright light sources.

be designed to =「～するよう設計されている」。受け身が適切。

**133** 街灯は、都会に適した明かりを提供するように設計されている。
「〜するように設計されている」の別の表現。

**134** クローラーは、ウェブサイトにアクセスし、ページや他の情報を読み込んで検索エンジンの索引情報を作成するプログラムである。
「〜するようにプログラミングされている」に受け身を。

**135** Mac を使用している場合には、オーディオドライバーをインストールするよう通知を受ける。
「〜するよう通知される」に受け身を。

**136** 有線・無線の両方のセンサーをシステム中に配置してネットワークでつなぐことができる。
「〜をネットワーク化する」を受け身で表現。

**137** 自動車は、主材料（主に、鉄板やプラスチック板）の保護や美観の向上を目的として、塗装が施される。
「〜の塗装をする」を受け身で表現。

**138** 磁石は、型にはめて成形し、さらに加工することで所望の形状とする。
「磁石」を主語に。受け身で簡潔に表現。

**133** Street light poles are engineered to provide adequate lighting in urban spaces.

be engineered to =「〜するように設計されている」。受け身が適切。

**134** A crawler is programmed to visit websites and read their pages and other information to create entries for a search engine index.

be programmed to =「〜するようにプログラミングされている」は受け身が効果的。「クローラー」が「プログラム」と知らない読み手を想定する場合には SVC の定義文 A crawler is a program that visits ... and reads... も可。

**135** Mac users will be prompted to install an audio driver.

be prompted to=「〜するよう促される（通知される）」。受け身が適切。

**136** Both wired and wireless sensors can be networked within a system.

network =「〜をネットワーク化する」。

**137** Automobiles are painted to protect their main materials (mostly, steel plates and plastic plates) and improve their appearance.

paint =「〜の塗装をする」を受け身で。モノに視点が当たる受け身が適切。

**138** Magnets are molded and then machined into desired shapes.

mold =「〜を成形する」と machine =「〜を加工する」を受け身で。前置詞 into で「〜になる」。

# Stage 2

## 表現力をつけよう

　さらなる文法項目を理解し、表現の幅を広げます。「数と冠詞」「助動詞」といった細かいニュアンスを表せる項目、「前置詞」「分詞」「関係代名詞」「to 不定詞」「副詞」といった情報を追加する項目、使いこなせば便利な「比較」、さらには知っておきたい「略語・句読点」まで、各文法に着目して英作します。また、動作を指示する命令文も練習します。

英語の名詞はいつも**「数」**と**「冠詞」**を決めながら使います。**名詞を数えるのかどうか**、また**単数か複数か**を選ぶ必要があります。さらに、対象を特定できれば**冠詞 the**, できなければ**冠詞 a/an か無冠詞**を選びます。

---

**139**　常温で油は液体であり、脂肪は固体である。

---

## ▶ 名詞を丁寧に判断する

「油」「脂肪」「液体」「固体」「室温」すべての名詞の数と冠詞を判断します。はじめは「the かどうか」です。読み手との間で「これ」と特定できるかどうかを考えます。

今回の「油」「脂肪」「液体」「固体」「室温」はいずれも他の同種と区別して特定できるものではないため、the は使わないと判断します。

次に「数」です。可算かどうか、また可算の場合には単数か複数かを決めます。

### ● 「油」「脂肪」

oil, fact はいずれも可算・不可算の両方が可能。可算・複数で種類を表す。

### ● 「液体」「固体」

liquid, solid はいずれも可算・不可算両方が可能。種類ではなく状態を表したければ不可算。

### ● 「室温」

room temperature の temperature は可算・不可算の両方がある。「室温」は特定の温度や温度範囲（例：15 ℃ ～ 30 ℃）を意図する場合でなければ不可算を選ぶ。

---

**139**　Oils are liquid at room temperature, and fats are solid.

---

## ▶ 数と冠詞を決める手順

「数」と「冠詞」の判断は互いに関連していますが、同時ではなく分けて行うか、または平行して行います（p. 69 フローチャート参照）。

まず、the かどうか＝「読み手と書き手が特定できるか」を考えます。できるなら the, 特定できない場合には「数」の判断へと進みます。名詞を数えるかどうか、つまり「区切りあると感じるか」を決めます。そして可算の場合は単数・複数を選択します。

> 冠詞を決める
>
> 「the かどうか」＝「読み手と書き手の間で特定できるか」を決める
>
>     ↓
>
> 特定できるなら the
>
> 特定できない場合や一般的なものとして表す場合、「数を決める」へ進む
>
>     ↓
>
> 数を決める：可算・不可算、単数・複数
>
> 名詞には「モノの名前」「動作」「概念」がある
>
> いずれも「数えるか」＝「区切りがあると感じるか」を決める
>
> 「数える・数えない」で意味が変わる名詞もある（例：「金属」metal は数えると種類、数えないと材質）
>
> 辞書も参考にして、可算・不可算を判断
>
>     ↓
>
> 不可算の場合、区切りをもたせて数えたい場合には「入れ物」に入れる
>
> 可算の場合には単数・複数を選択

---

> 他の留意事項：
>
> ・不可算で一般的なものは無冠詞。the は別の同類と区別
>
>   （例：water は水一般、the water は「この水」）
>
> ・不定冠詞 a/an は発音で選択
>
>   （例：LED は発音がエルイーディーで an LED, user はユーザーで a user）
>
> ・略語も必要なら数える
>
>   （例：light emitting diodes を略すときは LEDs）
>
> ・参照符号付きの名詞は冠詞 the を含むと理解
>
>   （例：Chapter 1 や Fig. 1 は the の意味を含み無冠詞）
>
> ・数える名詞を一般的なものとして表す場合には a（種類代表の個体）、複数（一般的な個体を複数表現）、the+ 単数（読み手が知っている種類として定義）から選ぶ
>
>   （例：「モーター」は a motor, motors, the motor から選択）
>
> ・不可算の数え方は、a glass of water（1 杯の水）を基本として、two pieces of metal（2 つの金属片）、data sets（複数のデータ）

## ▶ 名詞の種類は３つ──数える名詞・数えない名詞・両方の扱いができる名詞

### 数える名詞：無冠詞単数形は誤り

● robot, car, airplane, antenna, panel（ ロボット、車、飛行機、アンテナ、パネル）

　区切りのある物体は可算で、通常は不可算になりません。無冠詞単数形で表現すると誤りです。例外は this type of robot（この種類のロボット）で、type に着目したためにロボット個体への焦点が当たらず無冠詞（つまり不可算）となります。

a robot　　　　　an antenna　　　　　a panel

● polymer, superconductor（ポリマー、超伝導体）

　不可算と感じるかもしれませんが、いずれも可算です。ポリマーの意味は高分子で、a large molecule または a macromolecule です。分子（molecule）や原子（atom）は、目に見えない物体を見えるかのように定義した名詞で、常に可算で扱います。

　superconductor のように or で終わる単語は可算です。conductor（導体）にsuper（超）が付いたものですが、「conduct(**導通する**)と conductor(導通するもの)」のように、動詞に対応する「～するもの」を表す名詞 ＿＿er, ＿＿or は必ず数えます。

a water molecule　　　　　　　atoms

分子や原子は目に見えないものをあたかも見えるように可算で定義

## ● process, alternative（処理、代替物）

　いずれも可算です。a process, processes, an alternative, alternatives が正しく、無冠詞単数形 process や alternative は誤りです。可算名詞 process に対応する不可算名詞は processing です。alternative は形容詞（代替の）があるため無冠詞に馴染みがあるかもしれませんが、名詞のときには無冠詞単数形は不可です。

## 数えない名詞：数えたいときには入れ物に入れる
## ● data, information（データ、情報）

　区切りが見えにくい名詞は不可算です。data は datum の複数形という扱いもありますが、information と同様に不可算で扱うのが一般的です。不可算名詞を数えたい場合には「入れ物」を用意します。例えば複数で表す場合には、pieces of data, pieces of information, sets of data, data sets などの入れ物に入れます。

## ● mercury, polystyrene（水銀、ポリスチレン）

　物質を表す名詞は、複数種類がない場合には不可算です。物質を表す不可算名詞を数えたい、つまり物質に区切りを持たせたい場合には、5 g of mercury（5 g の水銀）のように数量として扱うか、または mercury atoms（水銀原子）のように可算名詞と組み合わせます。

## 数える・数えないを選ぶ名詞
## ● oil, fat, liquid, solid, metal, gas, alloy, plastic
## 　（油、脂肪、液体、固体、温度、金属、気体、合金、プラスチック）

　物質自体を表したい場合や状態として表したい場合には不可算、種類を表したい場合には可算です。もともと複数種類ある物質は、種類を表す場合には可算で扱います。

## ● temperature, cost（温度、コスト）

　概念を表すときには不可算、具体的な値を表すときには可算です。

## ● wire（ワイヤー）

　可算で 1 本ずつのワイヤーを表しますが、材質に着目している場合に不可算になりえます。

## ● the の効能を理解する

　読み手と書き手が「これ」「あれ」と共通認識を持てるときに定冠詞 the を使います。言い換えると、the を使うことで読み手の注目を集め、一連の単語をまとめて一気に読ませたり、その名詞が重要と強調したりできます。the は可算・不可算によらず、「この」「あの」と特定したいときに使えます。**もっと英作練習**

---

**除草剤により、望ましくない植物つまり雑草の生長を抑える。**
Herbicides are used to regulate <u>the</u> growth of unwanted plants, or weeds.

◆ the を使うことで「望ましくない植物の生長」をひとまとめに読ませる。

＊ herbicides =「除草剤」はここでは可算。plants, weeds も同様。

＊「望ましくない植物つまり雑草」の「つまり」を or で表すことができます。

---

**電気を作るために使用されるエネルギーのうちの約3分の2が、廃熱として大気中に捨てられている。**
Nearly two-thirds of **the** energy used to generate electricity is wasted in **the** form of heat discharged to **the** atmosphere.

◆ the energy で不可算のエネルギーを特定し、「電気を作るために使用されるエネルギーのうち」を明確に表す。in the form of heat（熱として）で強調する。the atmosphere は読み手と書き手が特定できる「大気」。

＊ electricity =「電気」、heat =「熱」は不可算で無冠詞単数形。

---

**ToF（飛行時間測定）とは、物体、粒子、波が媒体中を一定の距離移動するのにかかる時間を測定する方法である。**
Time of flight （ToF） is <u>the</u> measurement of <u>the</u> time taken by an object, particle, or wave to travel a distance through a medium.

◆ the measurement で「測定する方法」を表す。<u>the</u> time taken by で「〜にかかる時間」を特定。

＊ object, particle, wave, distance, medium はいずれも可算で単数形。

## 冠詞と数の判断手順

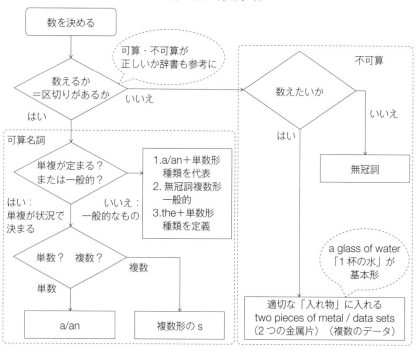

**139** 常温で油は液体であり、脂肪は固体である。

可算で種類、不可算で状態を表す。

**140** ほとんどすべての**金属**が**水銀**との**アマルガム**を形成し得る。

可算で種類を表す。

**141** ２つの**金属**を**半田付けした**。

「金属」を不可算で扱い形状で数える。

**142** メモリー**空間**をいくつかの**特定の**データ用に**確保する**必要がある。

「いくつかの特定のデータ」を適切に表す。

**143** **配線**を**地下に設置する**にあたり問題となるのは**コスト**である。

the で唯一として特定。

**144** **再結晶**を**避ける**必要があるため、この溶融**合金**の**最高温度**には**制約がある**。

the で強調する。

**145** **ロボットアーム**は、車の**組み立て**や飛行機の**製造**といった**複雑な工程**で使用されている。

可算名詞の総称表現。複数形で一般的なものを表す。

**146** 典型的な**ロボットアーム**は７つの**金属部品**からなり、それらが６つの**関節**で**接続されている**。

可算名詞の総称表現。１つに焦点を当てる。

**147** 最も**一般的な製造ロボット**は**ロボットアーム**である。

可算名詞の総称表現。the で種類を表す。

**148** **機関**とは、ある**エネルギー**を**力学的エネルギー**に**変換する**ものである。

不可算名詞「エネルギー」に形状を与える。

**149** 音楽**コンテンツ**や**映像コンテンツ**等の**デジタルデータ**を**格納する媒体**には、**半導体記録媒体**、**磁気ディスク**、**光ディスク**、**光磁気ディスク**等、様々な種類がある。

「コンテンツ」「媒体」ほかの名詞の数を丁寧に判断。

**139** Oils are liquid at room temperature, and fats are solid.

oil, fat, liquid, solid は可算・不可算の両方。ここで oil, fat は複数形で種類を表し、liquid と solid は不可算で状態を表す。temperature は可算・不可算の両方。常温の値は重要でないため不可算扱い。

**140** Almost all metals can form amalgams with mercury.

metal =「金属」は可算・不可算の両方。可算・複数で種類を表す。amalgam =「アマルガム」(水銀と他の金属との合金)可算、mercury 不可算。

**141** Two pieces of metal were soldered together.

metal =「金属」は可算・不可算の両方可。材質を表す場合は不可算。適切な形状(例：piece)で数える。Two metal parts were soldered together. も可。

**142** Memory space needs to be allocated to specific data sets.

memory space =「メモリー空間」は不可算。data(不可算)は「いくつかの特定のデータ」を表すため sets で数える。sets of data または data sets とする。

**143** The challenge to undergrounding wires is the cost.

主語と述部の両方の名詞に定冠詞 the で書き手と読み手の双方に定まるとして特定。undergrounding =「地下に設置すること」。

**144** The maximum temperature of the molten alloy is limited by the need to avoid recrystallization.

the maximum temperature, the need to avoid recrystallization は定冠詞 the を使うことで明確に。

**145** Robotic arms are used in complicated processes such as assembling cars and building airplanes.

複数形で一般論として robotic arms を表す。

**146** A typical robotic arm is composed of seven metal segments, joined by six joints.

A typical robotic arm は単数形で種類を代表。単数形は構造の説明に適切。

**147** The most common manufacturing robot is the robotic arm.

The most common は最上級で唯一を the で表す。the robotic arm の the は、読み手が知っている種類を表す。

**148** An engine converts one form of energy into mechanical energy.

energy =「エネルギー」は不可算。one form of energy =「ある形態のエネルギー」と表現。

**149** A variety of media are now used to store digital data such as music content and video content. Examples of such media include semiconductor storage media, magnetic disks, optical discs, and magneto-optical disks.

content =「コンテンツ」は情報分野で不可算。例示の名詞を複数形に。disc と disk は、コンピューター分野の情報記録ディスク(例：フロッピーディスク・ハードディスク)は disk、CD-ROM・光ディスク・光磁気ディスクはコンピューター分野でも disc と disk の両方可。

**150** **パラボラアンテナに取って代わる**アンテナとして、**リフレクトアレーアンテナが注目されている。**

可算名詞の総称表現。複数形で一般的なものを表す。

**151** **金属系超伝導体の大半は、遷移温度が** 30 K（−243.2℃）**未満である。**

temperature は可算・不可算の両方。個々の値は可算。

**152** **ホルムアルデヒドは、常温で可燃性の無色の気体であり、強い臭気がある。**

「常温」は特定の値を想定しなければ不可算。

**153** **摂氏約** 3000 **度でも溶けない耐熱性を有する炭素繊維**パネルがある。

temperature は個々の値かどうかで可算・不可算を決める。

---

**ワンポイント　名詞の扱い（数・冠詞）は段階を経て習得する**

　英語の習得レベルが進むにつれて名詞の扱いを改善することが大切です。英語の習得レベル初級では、まずは数える名詞の単数形の誤りをなくします。

**初級：** × Herbicide is used to regulate growth of unwanted plant.
＊数える名詞の無冠詞単数形に注意する。

　次に、特定できるのに the を使わずに a や無冠詞になる誤りを無くします。the をうまく使えるように練習しましょう。

**中級：** △ Herbicides are used to regulate growth of unwanted plants.
＊名詞の扱いが正しいが、the がうまく使えず明確性に欠ける。英文はふわふわ浮いた印象。

**150** Reflect array antennas are notable alternatives to parabolic antennas.

2種のアンテナをそれぞれ複数形で。主語の数に合わせて alternative =「代替品」も複数形。

**151** Most metallic superconductors have transition temperatures below 30 K (−243.2 ℃).

superconductor 可算。単語の末尾が -or と -er で終わるものは数える。temperature =「温度」は可算・不可算の両方。複数の超伝導体の遷移温度は複数の値となるため temperatures とする。

**152** At room temperature, formaldehyde is a colorless, flammable gas with a strong odor.

temperature =「温度」は可算・不可算の両方。常温は概念とする。gas =「気体」は可算・不可算の両方。一種類の気体として可算。odor =「臭い」は可算。「臭い」には区切りがある。主語 +be 動詞 + 名詞の SVC。

**153** Some carbon fiber panels can withstand temperatures of nearly 3,000 degrees Celsius without melting.

temperature =「温度」は可算・不可算の両方。temperatures of nearly 3,000 degrees Celsius で摂氏3000度あたりの範囲を表す。withstand =「～に耐える」。

その後、the の使用が増える時期があります。不要な the を減らす工夫をしましょう。

上級：△ 〜 ○ The herbicide is used to regulate the growth of the unwanted plants.

＊名詞の扱いは正しく、the も使えるが、the が不要に増えてしまう。

冠詞を使えない→ the がうまく使えない→ the が使えるが多すぎる、という段階を経て、名詞をうまく扱えるようになります。

習得完了：◎ Herbicides are used to regulate the growth of unwanted plants.

## 2-2 助動詞

　動詞の現在形では事実を言い切ります（時制 p. 50）。それに**ニュアンスを加える**のが助動詞の役割です。**書き手の気持ち**、特に**「確信」**と**「義務」**を加えます。それぞれの助動詞の基本の意味を理解し、強さとニュアンスを理解することが大切です。

---

**154**　プリントヘッドからインクが漏れることがある。

---

### ▶「可能性がある」に適切な助動詞を選ぶ

　まずは「プリントヘッドからインクが漏れる」という言い切り表現で英作します。名詞と動詞の文法事項に注意しながら、主語と動詞を選択します。「インク」は可算（種類を表す）、不可算（材質を表す）の両方がありますが、ここでは種類を表したいわけではないので不可算を選択します。「漏れる」を表す leak には自動詞・他動詞の両方があります（p. 13）。「勝手に漏れる」を表す自動詞を選択します。

Ink <u>leaks</u> from the printhead.
プリントヘッドからインクが漏れる

　次に、助動詞でニュアンスを加えます。選ぶ助動詞によって書き手が考えている「起こり得る」度合いが変わります。

| | |
|---|---|
| Ink <u>must leak</u> from the printhead. | まちがいなく漏れるだろう |
| Ink <u>will leak</u> from the printhead. | 必ず漏れると思う |
| Ink <u>should leak</u> from the printhead. | きっと漏れる |
| Ink <u>can leak</u> from the printhead. | 漏れる可能性がある |
| Ink <u>may leak</u> from the printhead. | 漏れることがある |

---

Ink <u>may leak</u> from the printhead.

---

## ▶ 助動詞は基本の意味から文脈に応じて広がる

　各助動詞について、基本の意味をまず理解しましょう。この基本の意味が文脈に応じて様々な側面へと広がります。英作を通じて意味の広がりを感じるとともに、助動詞の本来の意味は変わっていないことを確認しましょう。 **もっと英作練習**

| 助動詞 | 意味 | 意味の広がり |
|--------|------|-------------|
| can | 可能 | 能力・可能性・許可 |
| may | 許容 | 可能性・許可 |
| will | 意志 | 推定・習性 |
| must | 必然 | 義務・確信ある推定 |
| should | 推奨 | 必然に基づく推量・推奨 |

### can 可能→能力・可能性・許可

炭素繊維強化炭素複合材料は、2000℃を超える温度にも**耐えられる**。（能力）
Carbon fiber reinforced carbon composites <u>can</u> withstand temperatures over 2000 ℃.

コンピューターに**ウイルスが入り込む**と、内部で**広がり**、ファイルや **OS** を**破壊する**可能性がある。（可能性）
A computer virus <u>can</u> spread in a computer and damage your files and operating system.

本 PC のユーザーは**顔認証機能を利用でき**、**パスワード無しでログイン**できる。（許可）
The PC users <u>can</u> use face recognition to log in without a password.

◆助動詞 can は能力・可能性・許可という側面を見せるが、いずれも本来の意味は同じ。

### may 許容→可能性・許可

**組付け**前の**保管中に金属部品**が**腐食する**ことがある。（可能性）
Metal components <u>may</u> corrode during storage before assembly.

**従業員**は 30 日前に**書面で申し出る**ことにより、本契約を**解消する**ことができる。（許可）
The employee <u>may</u> terminate this contract by providing a written 30-day notice.

◆助動詞 may は可能性・許可という側面を見せるが、いずれも本来の意味は同じ。

## will 意志→推定・習性

科学者らによると、**遺伝学**により**医学**に革命が起こると考えられている。（推定）
Scientists predict that genetics <u>will</u> revolutionize medicine.

**合金**は、**導電性**、**延性**、**不透明さ**、**光沢**といった**金属の特徴**を**保持する**。（習性）
An alloy **will** retain the properties of metal, such as electrical conductivity, ductility, opaqueness, and luster.

◆助動詞 will は推定、習性という側面を見せるが、いずれも本来の意味は同じ。

## must 必然→義務・確信ある推定

**ウイルス**は感染・**増殖する**ための**宿主細胞**を必要としている。（義務）
A virus **must** have a host cell to live in and reproduce more viruses.

**ウイルス**は小さいため**光学顕微鏡**では見えないが、**電子顕微鏡**で**観察できる**はずである。（確信ある推定）
Viruses are small and cannot be seen with a light microscope, but must be observed with an electron microscope.

◆助動詞 must は義務・確信ある推定という側面を見せるが、いずれも本来の意味は同じ。

## should 推奨→必然に基づく推量・推奨

新しい製品ラベルによって、より**安全な**洗浄**用品**を容易に見つけることができるようになるだろう。（必然に基づく推量）
Finding safer cleaning products **should** be easy with the new labels.

**新型呼吸器系ウイルス**の広がりを**防ぐ**ために、会社は**従業員**の**在宅勤務**を認めるほうがよい。（推奨）
Companies **should** allow employees to telework to prevent the spread of the novel respiratory virus.

◆助動詞 should は必然に基づく推量・推奨という側面を見せるが、いずれも本来の意味は同じ。

## ▶ 強さを把握する

助動詞の2つの側面「確信」と「義務」の強さを理解することが大切です。

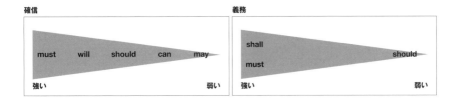

＊shall は契約書・仕様書など法律文書で使用

## ▶ 助動詞の過去形は現実と異なる定義

　助動詞の過去形 would, could, might は対応する will, can, may に仮定の意味が加わり、低い度合いを表します。強い確信を表す will が過去形になると、「〜でしょう」、能力を表す can が could になると「もしかすると〜かもしれない」、とそれぞれ元の助動詞と異なる状況を伝えます。may はもともと低い可能性を表すため、might と may は近い状況を表します。

インクの袋が**破れ**ていると、インクが漏れる

↓ 想定しない状況

Ink **would leak** if the ink bag has a tear.　　　漏れるだろう
Ink **could leak** if the ink bag has a tear.　　　漏れかねない
Ink **might leak** if the ink bag has a tear.　　　漏れるかもしれない

**154** **プリントヘッドからインクが漏れる**ことがある。
助動詞で「起こりえる」を表す。

**155** **直径 10 ミクロン未満の粒子は人間の肺に入る**可能性がある。
助動詞で主語が持つ潜在能力(可能性)を表す。

**156** **衣服の継ぎ目は丈夫で目立たない**ことが重要である。
助動詞で要件を示す。

**157** **スマートフォンユーザーは、マルウェアに感染したアプリを手動でアンインストール**してください。
助動詞で「〜してください」を表す。

**158** **スクリーンに触れる**だけで、システムの**スリープを解除する**ことができる。
動作ではじまる無生物主語・単文・能動態に助動詞を使う。

**159** 本エレベーターの部品は、本仕様書に**規定の寸法、公差、隙間についての要件を満たす**ことが求められる。
仕様書や契約文書で義務を助動詞で表す。

**160** **ターボチャージャーは、通常であれば廃棄される排気ガスのエネルギーを活用する。**
助動詞の過去形を活用。

**161** **外部支持構造**は GMAW により**溶接する**ことができる。
仕様書で「〜できる」を助動詞で表す。GMAW は日本語で「マグ溶接」や「MAG 溶接」とも呼び、アーク溶接のうち、シールドガスに不活性ガスと炭酸ガスを混合して使う溶接手法。

**162** **手術の前に肺血管抵抗(PVR)が下がる**ことにより、**術後経過が改善される**可能性がある。
可能性を表す助動詞。

**163** **肺高血圧の患者**は、疾患の経過において、**複数の治療法を必要とする**場合がある。
可能性を表す助動詞の過去形。

**154** Ink may leak from the printhead.

may で起こり得ることを示す。「確信の度合い」は may → can → should → will/must と上がる (p. 77)。

**155** Particles with a diameter less than 10 micrometers can enter the lungs of a human.

can で主語の潜在能力(可能性)を示す。can は may と異なり「起こり得る可能性があること」。

**156** Seams of a garment must be durable and smooth.

must で要件を示す。It is important for seams of a garment to be durable and smooth. を避けて主題 Seams(継ぎ目)から文を開始。

**157** Smartphone users should uninstall malware-infected apps manually from their phones.

should で「〜してください」を表す。Smartphone users must uninstall ... や Smartphone users need to uninstall ... であれば「〜しなければならない」という義務の意味。should は強い推奨 (p. 76)。

**158** Simply touching the screen will wake up the system.

will で時間のズレを出し、条件を強調。can も可能。「スリープを解除する」は動詞 wake up =「起こす」。

**159** All parts of the elevators shall be built to meet standard dimensions, tolerances, and clearances specified herein.

仕様書や契約文書での義務には助動詞 shall。書き言葉の shall は must 同様に強いが、客観的に義務を表す。

**160** Turbochargers use exhaust gas energy that would otherwise be wasted.

助動詞 will の過去形 would は、異なる場合を仮定。

**161** External support structures may be welded using gas metal arc welding (GMAW).

仕様書で「〜できる」は許可を表す may。仕様書でなければ can も可。

**162** A reduction in pulmonary vascular resistance (PVR) before surgery may improve the postoperative course.

可能性を表す may を使う。助動詞 can よりも低い可能性「改善される場合がある」の意味。pulmonary vascular resistance (PVR) =「肺血管抵抗」、postoperative course =「術後経過」。

**163** Patients with pulmonary hypertension (PH) might require multiple therapies during the course of their disease.

可能性を表す may の過去形 might は「起こり得る」可能性がさらに下がる。pulmonary hypertension (PH) =「肺高血圧」。

## 2-3 動作指示の命令文

　動詞から文を開始して動作を促します。**具体的な動作を表す動詞を使う**ことが大切です。命令文を使って動作を指示する相手はいつもあなた(You)です。しかし、You do this!(あなた、これしなさい)は強く響いてしまうため、You を省略したのが**命令文**です。

---

164　使用していないときは掃除機の電源プラグをコンセントから抜いてください。

---

### ▶ 意味が明快な動詞を探す

　動詞「 電源プラグを抜く 」を明快に表す英語の動詞を探します。pull the power plug off を思いつくかもしれませんが、より具体的な動作を表す動詞を検討します。接頭辞 un を使った unplug が可能です。

---

**Unplug** the vacuum cleaner from the wall outlet when not in use.

---

### ▶ 明快な動詞を使う

　動作指示を明快な動詞を使って表しましょう。 もっと英作練習

---

コンピューターの裏側にある 4 本の**ネジ**を**外して**ください。
Unscrew the four screws on the back of the computer.

＊ unscrew =「ネジを緩める」。Remove the four screws ... よりも明快に表せる。

バルブを**組み立てる**ためには、**解体**と**逆の手順で行って**ください。
To assemble a valve, reverse the disassembly procedure.

＊ reverse =「～を逆にする 」。perform the procedure reverse to the disassembly よりも短く表せる。

発生した有害廃棄物を**特定して**ください。
Identify each hazardous waste generated.

＊ identify =「～を特定する」。具体的な意味を表す動詞を使う。

ヘッダーの位置でダブル**クリックしてください**。

Double-click in the header.

＊ double-click =「ダブルクリックする」。便利な動詞を使う。

**単3電池**8本を**電池室**の各部に**記載された向き**に合わせて<u>**装着して**</u>ください。

Install eight AA-size batteries into the battery holder, oriented as indicated at the battery slots of the battery holder.

＊ install =「〜を装着する」。具体的な動詞を使う。

## ▶ 命令文に使える平易で具体的な動詞

　様々な動詞を習得しましょう。反対語のペアも使えるようにしておくと、例えば製品の取り扱いを説明するマニュアルの各ステップに使用できます。似た動詞の違いも理解して正しく使いましょう。

2-3
動作指示の命令文

| 似ている動詞　＊下に違いを説明 | |
|---|---|
| 固定する | fasten / tighten / fix / secure |
| 取り付ける | attach / mount / install |
| 確認する | ensure / make sure / check / confirm |

### fasten/tighten/fix/secure の違い

　**fasten** は2つのものを合わせることで、取り外し可能に固定すること。**tighten** は締めつけること。**fix** は所定の場所に永続的に取り付けて、動かないようにすること。**secure** は道具を使って固定すること。締める、緩めるが自在。これらの単語は交換可能な場合もある。

### attach/mount/install の違い

　**attach** は取り付け先に「くっつける」。小さな部品やメインではない部品をメインの部分に取り付ける。**mount** はメインの部品または機器を半永久的に取り付ける、または支持部材などの平面に取り付ける。**install** は、小さな部品の取り付けおよび大型機器の据え付けに使うが、所定の場所に取り付けることで機能を発揮させる意味を持つ。

| ensure/make sure/check/confirm の違い |
|---|
| 　ensure, make sure はいずれも「〜であることを確認する」。make sure は特に必ずしなければならないことの確認。confirm は再確認という意味で、「こうである」という前提を確認する。reconfirm と同義。check は「〜かどうかをみる」。check whether(または if)... で「〜かどうかを確認する(見る)」、check for ... で「〜がないかを確認する(見る)」。 |

| 動詞のペア | |
|---|---|
| ネジを緩めて外す ↔ **ネジを締めて留める** | unscrew ↔ screw |
| 電源プラグを抜く ↔ **差し込む** | unplug ↔ plug (in) |
| **あける、開く** ↔ 閉じる、閉める | open ↔ close |
| 接続する ↔ **切断する** | connect ↔ disconnect |
| 継続する ↔ 中断する | continue ↔ discontinue |
| 取り外す ↔ 元に戻す | remove ↔ replace |
| 組み立てる ↔ **解体する** | assemble ↔ disassemble |
| 始動する ↔ 停止する ↔ **再開する** | start ↔ stop ↔ restart/resume |
| Xを**右回りに回転させる** ↔ Xを**左回りに回転させる** | rotate X clockwise ↔ rotate X counterclockwise |

| 他の動詞 | |
|---|---|
| 置く、配置する、設置する | place |
| 挿入する | insert |
| 移動する | move |
| **スライドさせる** | **slide** |
| 選択する | select |
| 包み込む | wrap |
| 向きや位置を合わせる | align |

　命令文は、製品の取り扱いを説明する製品マニュアルで、動作を指示する箇所で使えます。**もっと英作練習**

**電動歯ブラシの使い方**

次の**簡単な**ステップに**したがう**ことで、**効果的な**ブラッシングが可能になります。

① ブラシヘッドの中心に少量（豆粒程度）の**歯みがき粉**を付け、ブラシの**毛先**を**流水**で**濡らします。**

② ブラシヘッドの**毛先**を**歯と歯茎の間**に 45 度の角度で当て、ブラシの電源を**オンにします。**

③ **歯間**に長い毛が**届く**よう、小さく**円**を描きながら**毛先**を**徐々に移動して**ください。

④ 2，3 秒でブラシを次の場所に**移動して**ください。口内を 4 つの**部分**（上歯の外、中、下歯の外、中）に分けて、各部分を 30 秒磨きます。着色汚れがあれば、その部分を**長く**磨いてください。

⑤ 歯**みがき**が終わったら、電源を切ってください。

2-3
動作指示の命令文

Brushing Instructions

**Follow** the simple steps below to maximize your brushing.

① **Place** a pea size amount of toothpaste on the center of the brush head and **wet** the bristles under running water.

② **Place** the bristles of the brush head on your gumline at a 45-degree angle and turn on the brush.

③ **Gently move** the bristles in a small circular motion so the longer bristles reach between your teeth.

④ After a few seconds, **move** the brush to the next area. **Divide** your mouth into 4 sections: outside top, inside top, outside bottom, and inside bottom teeth, and **spend** about 30 seconds in each section. **Spend** extra brushing time in areas where staining occurs.

⑤ After your brushing cycle is complete, **turn off** the brush.

---

**164** 使用していないときは**掃除機の電源プラグをコンセント**から**抜いて**ください。

動詞「〜のプラグを抜く」より開始。

---

**165** **機械の油漏れ**が無いか**点検して**ください。

動詞「〜かどうかを点検する」より開始。

---

**166** **試験管の口**に**セロハンを付けて輪ゴム**で**留めて**ください。

動詞「付ける、留める」より開始。

---

**167** 前面に **LED** を**取り付けて**ください。

動詞「〜を取り付ける」より開始。

---

**168** **ブレーカー**パネルに**配線**を**敷設して**ください。

動詞「〜を設置する」より開始。

---

**169** カメラから SD カードを**抜き取って**ください。

動詞「〜を抜き取る」より開始。

---

**170** **タブ** A を**アダプター**の**溝** B に**合わせて**ください。

動詞「〜に合わせる」より開始。

---

**171** **スパッターコーター**への電源・水・ガスの供給がオフになっていることを確認してください。

動詞「〜となっていることを確認する」より開始。

---

**164** **Unplug the vacuum cleaner from the wall outlet when not in use.**

unplug =「〜のプラグを抜く」。Remove the plug of... よりも短く動詞一語で。明快動詞で明確な指示を。
wall outlet =「コンセント」。

**165** **Check the machine for oil leaks.**

check A for B =「Bについて(〜が無いかどうか)Aをチェックする」。

**166** **Wrap a piece of cellophane over the mouth of the test tube. Secure the cellophane piece with a rubber band.**

wrap =「〜を包む」、secure =「〜を留める」。warp は put(置く)より具体的。cellophane は不可算のため piece を使う。

**167** **Mount an LED on the front panel.**

mount =「〜を取り付ける」。

**168** **Install the wiring to the breaker panel.**

install =「〜を設置する」。

**169** **Remove the SD card from your camera.**

remove =「〜を抜き取る」。take off よりも短く動詞一語で。明快動詞で明確な指示を。

**170** **Align the tabs A with the slot B on the adaptor.**

align =「〜に合わせる」。align は「ぴったりそろえる」。

**171** **Ensure that power, water, and gas supplies to the sputter coater are set to OFF.**

ensure =「〜となっていることを確認する」。ensure + that + 主語 + 動詞と並べる。

**2-3**

動作指示の命令文

　前置詞は名詞と他の語との関係を**視覚的に表し**ます。効果的に使えば簡潔で明確に関係を表せます。各前置詞の意味をイメージでとらえることが大切です。

---

| 172 | これらのエラストマー系接着剤は常温または加熱下で素早く硬化する。 |
|---|---|

## ▶ 表したい関係に応じて前置詞を選ぶ

　「これらのエラストマー系接着剤は素早く硬化する」をまず英作します。

These elastomeric adhesives cure quickly

　「常温または加熱下で」の前置詞を選びます。

| 172 | These elastomeric adhesives cure quickly either **at** room temperature or **with** heat. |
|---|---|

　「温度」「熱」のそれぞれに「常温という温度条件において」を表す at と「熱を使って」を表す with を選びました。日本語によらず、名詞との関係を表す前置詞を選ぶことが大切です。

## ▶ 前置詞の活用で複文を避ける

　前置詞句を使って複文を避けることができます。 もっと英作練習

試料Aの場合には、低温で**抵抗**が低下した。
For sample A, the resistance decreased at low temperature.

◆ When sample A is used, the resistance decreased at low temperature. という複文を避けて前置詞を活用。

**比較的低量**であっても、**水銀**はヒトの**中枢神経系**に**深刻な影響を与える**ことがある。
Even at relatively low doses, mercury can seriously affect the human central nervous system.

◆ Even when exposed to relatively low doses of mercury, the central nervous system can be affected seriously. という複文を避けて前置詞を活用。

## ● 前置詞は意味をイメージでとらえる

　前置詞は名詞と他の語との関係を読み手に分かりやすく見せることができます。at は点を表し、その条件下に置かれる、という文脈で使います。in は広い場所の中です。on は何かに接触していて、押しつけられている印象です。次のようにイメージで各前置詞の意味をとらえます。

**前置詞の意味をイメージでとらえる**

**at**　　　　　一点

**in**　　　　　広い場所の中

**on**　　　　　接触・押しつけられている

**to**　　　　　到達点

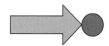

**during**　　　期間中

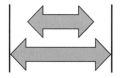

**of**     所属や所有・属性

**by**     手段・動作主

**with**     持って、使って

**across**     端から端

**through**     通過

**under**     真下の一帯

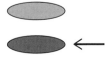

**over**　　　　真上の一帯

**into**　　　　in + to 中に向かう

**onto**　　　　on + to 向かってくっつく

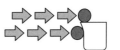

**172** これらの**エラストマー系接着剤**は**常温**または**加熱下で素早く硬化する。**

「常温または加熱下で」の前置詞2つ。

**173** **内部で生じた亀裂**が**伝播して**コンクリート**表面**に到達する可能性がある。

「コンクリート表面に到達する」の前置詞。

**174** **電気自動車(EV)** は、動力の少なくとも**一部に電気**を使って**走行する。**

「電気を使って」を表す前置詞。

**175** **極軌道**にある**衛星**は**軌道傾斜角**が 90 度である。

「極軌道にある」を表す前置詞。

**176** **物理蒸着**とは、**物質の薄膜**を**基板表面**に形成する種々の**真空蒸着法**のことである。

「基板表面に形成」を表す前置詞。

**177** **編み針**にかかっている全ての**編目**を**編んで**ください。

「編み針にかかっている」を表す前置詞。

**178** **コンデンサーの電流**は、**コンデンサーの電圧の微分値**に**比例する。**

「〜の電流」と「〜の電圧」を表す各前置詞。

**179** **水道管**は**歩道**や**車道の下**を通って**各家庭や会社**まで**敷設されている。**

「〜の下」と「各家庭や会社まで」を表す前置詞。「敷設されている」は「〜を通る」と読み換える。

**180** **植物**が**健やかに生長**するためには、**種々の栄養素**が必要である。

「生長するためには」を表す前置詞。

**181** **化学反応**とは異なり、**核反応の速度**は**温度、圧力、他の原子の存在**による**影響を受けない。**

「〜とは異なり」を表す前置詞。

**182** **ケラチン**は**カシミヤ繊維**に浸透し、**漂白や染色**による**繊維の損傷**を抑制する。

「カシミヤ繊維に浸透」「漂白や染色による」を表す前置詞。

**172** These elastomeric adhesives cure quickly either at room temperature or with heat.

「常温」に at room temperature、「加熱下で」に with heat。前置詞を丁寧に選ぶ。cure =「硬化する」。

**173** Internal cracks can propagate to the concrete surface.

前置詞 to は到達点を表す。「亀裂」が「表面」に到達する様子を表す。

**174** Electric vehicles (EVs) run at least partially on electricity.

「電気を使って」を前置詞 on で表す。on は通常「接触」を表すが、接触して重みをかける。run =「走行する」。

**175** A satellite in a polar orbit has an orbital inclination of 90 degrees.

前置詞 in は「何かの中にある」ことを表す。「極軌道」の中。

**176** Physical vapor deposition (PVD) refers to a variety of vacuum deposition methods used to deposit thin layers of material onto a substrate.

前置詞 onto は on+to、接触と方向・到達点。「薄膜を基板に形成 = 蒸着」は方向と到達点を含む onto が最適。

**177** Knit all stitches on the needle.

接触を表す on で「編み針にかかっている」を表す。

**178** The current through the capacitor is proportional to the derivative of the voltage across the capacitor.

コンデンサーを通過して流れる電流には through、コンデンサーの両端の電位差である電圧には across。

**179** Water pipes run under sidewalks and streets to individual homes and businesses.

「〜の直下」を表す under、「〜まで達して」を表す to を。homes and businesses =「家庭や会社」。

**180** For healthy growth, plants require many different nutrients.

前置詞 for は方向性を表す。「〜するためには」を表す for を文頭に置ける。

**181** Unlike chemical reactions, the rates of nuclear reactions are unaffected by temperature, pressure, and the presence of other atoms.

前置詞 unlike =「〜とは異なり」。前置詞 like(〜のように)の逆。rates =「速度」、unaffected =「影響を受けない」。

**182** Keratin penetrates into cashmere fibers and prevents damage of the fibers under bleaching or dyeing.

前置詞 into は in + to で「中に」「到達する」。「浸透する」を penetrate into で表す。under は何かの下に置かれた状態。under bleaching or dyeing で「漂白や染色の状態にある」。fibers =「繊維」、bleaching =「漂白」、dyeing =「染色」。

2-4
前置詞

**183** 完全燃焼中に燃料中の**炭素原子1個**が空気中の**酸素原子2個と結合して**CO₂を**生成する。**

「燃焼中」「燃料中」「酸素原子2個と結合」「空気中」を表す各前置詞。

**184** 多くの小型**電子機器の電源**には**リチウムイオン電池**が使われている。

「多くの小型電子機器」を主語にして「～電池により電力を供給されている」と読み替える。

**185** コンピューターは、**ロボットアームの各ジョイントに接続されている**ステップモーターを**回転させる**ことにより、**ロボットアーム**を**制御する。**

「モーターを回転させることにより」を表す前置詞。

**186** **界面活性剤**は、水と油の**界面**を分解することにより**機能する。**

「界面を分解することにより」を表す前置詞。

**187** CD-ROM は差し渡し（**直径**）が 120 mm であり、15 mm の**スピンドル穴**を有し、**厚さ** 1.2 mm である。

「差し渡し」を表す前置詞。また「1.2 mm の厚さ」のように同格を表す前置詞。

---

**ワンポイント** **「情報を加える」ために使う前置詞・分詞・関係代名詞・to 不定詞**

●<u>前置詞</u>は名詞と他の語との関係を表す。

●<u>分詞</u>（現在分詞＝能動的な説明、過去分詞＝受動的な説明）は説明の対象が名詞のとき形容詞の役割を果たす。文全体に説明を加える分詞構文もある。

●<u>関係代名詞</u>は動詞（＋時制）が入り、長い説明を加えることができる。

● <u>to 不定詞</u>は未来のこと、これから起こることを表す。

前置詞

Our company offers consumer products <u>for</u> a wide variety of users.
（幅広いユーザー向けの民生品を我が社は提供している）＊前置詞単体は情報量が限られている

Our company offers consumer products <u>for</u> attracting a wide variety of users.（幅広いユーザーを魅了する民生品を…）＊動名詞と組み合わせると情報量が増す

**183** During complete combustion, each carbon atom in the fuel combines with two oxygen atoms in the surrounding air to produce $CO_2$.

前置詞 during は「〜の間」を表す。combine（結合する・〜を結合させる）は自動詞・他動詞の両方で使えるが、自動詞で使う。combine with で「〜と結合する」。in the fuel, in the surrounding air は「〜の中」。

**184** Many small electronic devices are powered by lithium-ion batteries.

受け身の動作主を表す by。受け身の by は能動態に変換したときに文が成り立つことを確認して正しく使う。Lithium-ion batteries power many small electronic devices. が成り立つ。

**185** The computer controls the robotic arm by rotating the step motor connected to each joint of the arm.

手段を表す by は「主語に視点を置いた動作」に。computer が by rotating the step motor（ステップモーターを回転させる）動作を行う。

**186** Surfactants function by breaking down the interface between water and oils.

手段を表す by は主語から見た動作。function =「働く、機能する」を表す自動詞。

**187** A CD-ROM measures 120 mm across, has a 15-mm spindle hole, and has a thickness of 1.2 mm.

前置詞 across は「端から端」。「直径」を across で表す。of はイコールを表す。a thickness of 1.2 mm で「1.2 mm の厚さ」。単位記号と数値の間にはスペースを。

---

分詞

Our company offers consumer products <u>attracting</u> a wide variety of users.〈現在分詞〉（幅広いユーザーを魅了する民生品を…）

Our company offers consumer products <u>well received</u> by a wide variety of users.〈過去分詞〉（幅広いユーザーに評価されている民生品を…）

関係代名詞

Our company offers consumer products <u>that attract / that have attracted / that will attract</u> a wide variety of users.（幅広いユーザーを魅了する / 魅了してきた / 今後魅了する民生品を…）

to 不定詞

Our company offers consumer products <u>to attract</u> a wide variety of users.（幅広いユーザーを魅了するであろう民生品を…）

## 2-5 分詞

現在分詞(...ing)、過去分詞(...ed)を名詞の近くに置いて、**形容詞のように名詞を説明**できます。現在分詞 ...ing は「**能動的な意味**」で説明します。過去分詞 ...ed は受け身の意味で説明します。**文全体に説明を加える分詞構文**もあります。分詞構文は、意味上の主語がずれにくい文末で使うのがおすすめです。

> **188** 媒体を通過する電磁波は、一部が反射し、一部が吸収され、一部が透過する。

### ▶「～する～」の説明に短い分詞を使う

「媒体を通過する電磁波」が主語です。「電磁波」は Electromagnetic waves(可算・複数を選択)に説明「媒体を通過する」= pass through a medium を現在分詞 ing の形に変えて続けます。

> **188** Electromagnetic waves **passing** through a medium can be partly reflected, absorbed, and transmitted.

名詞に説明を加えるには、分詞の他に前置詞と関係代名詞があります(p. 86, 98)。関係代名詞を使うほど長くなく、前置詞単体では意味が読み取りづらいような場合に分詞の使用がおすすめです。

### ▶ 他の表現との比較

Electromagnetic waves <u>through</u> a medium can be partly reflected, absorbed, and transmitted.

◆前置詞 through だけで読み取りづらければ分詞 passing を入れる

Electromagnetic waves <u>that pass through</u> a medium can be partly reflected, absorbed, and transmitted.

◆関係代名詞 that pass through よりも短く、「通過している様子」が表せる分詞 passing がより適切

◆なお、to 不定詞 Electromagnetic waves to pass through a medium は「通過する」と後半の動作との時間関係が不適になるため使用できない。to 不定詞は未来指向のため (p. 102)

> **190** 原子は、正電荷を持つ核とその周りの負の電荷を持つ電子と呼ばれる粒子1つ以上から構成される。

## ▶ 骨組みを作り、説明を足す

まず文の骨組みを作り、過去分詞（4箇所）を使って名詞に説明を加えます。

**ステップ1**：原子は、核から構成される（英作途中）

An atom consists of a nucleus.

**ステップ2**：核　←正電荷を持つ

An atom consists of a <u>positively charged</u> nucleus.

**ステップ3**：正電荷を持つ核　←その周りの負の電荷を持つ粒子1つ以上（負の電荷を持つ粒子1つ以上に取り囲まれる）

An atom consists of a positively charged nucleus <u>surrounded by one or more negatively charged particles.</u>

＊ one or more <u>negatively charged</u> particles も過去分詞で particles を説明

**ステップ4**：粒子1つ以上　←電子と呼ばれる

An atom consists of a positively charged nucleus surrounded by one or more negatively charged particles <u>called electrons.</u>

---

190　An atom consists of a positively **charged** nucleus **surrounded** by one or more negatively **charged** particles **called** electrons.

---

## ▶ 分詞構文を理解する

　分詞は名詞以外に文全体も修飾できます。分詞構文と呼ばれます。文頭・文末に分詞を置くことができます。 もっと英作練習

公共の配管の中で**不可欠な給水本管**は、飲用水を**家庭**や会社に**供給する**。
**Being** an integral part of utility lines, water mains supply drinking water to households and businesses.

◆文頭に置く分詞は、主節と主語が同じ場合にのみ可能。主語のズレに気をつけて使う。

肺炎は**世界中**の子供の**主要な死因**であり、**AIDS**、**マラリア**、結核、麻疹による死者を合わせたよりも多くの**死者**を出している。
Pneumonia is the leading cause of death in children worldwide, causing more deaths than AIDS, malaria, tuberculosis, and measles combined.

◆分詞は文末に置かれて前の部分の全体を説明する。その主語は主節と一致する。

**188** **媒体を通過する電磁波**は、**一部が反射し、一部が吸収され、一部が透過する**。

「電磁波」が「媒体を通過する」様子を現在分詞で。

**189** **オゾンは反応性が高い気体**であり、**3 つの酸素原子**からなる。

「オゾンは反応性が高い気体である」を英作し、分詞で情報を加える。

**190** **原子**は、**正電荷を持つ核**とその**周りの負の電荷を持つ電子**と呼ばれる**粒子1 つ以上**から**構成される**。

「正電荷を持つ核」「その周りの負の電荷を持つ電子と呼ばれる粒子 1 つ以上」に分詞を使って説明。

**191** **加工中に**ワークに**付着した**おがくずなどは、**エアブロア**を使って**除去する**。

「付着」を前置詞で表し、「した」の動作を分詞で表す。

**192** **主力製品**には種々のオフィス用プリンターや**複合機**があり、各種オプション機能やニーズに**対応している**。

分詞は文末に置くと文全体を説明。文末に「コンマ + ...ing」。文末分詞の意味上の主語は文の主語または文全体。

**193** 多くの国では**効果的なインフルエンザワクチン**を自国で**開発する**ことができず、**他国の製品**に**頼っている**。

分詞は文末に「コンマ + ...ing」で文全体を説明。意味上の主語は文の主語または文全体。

**194** **ビタミン D** が**欠乏する**と、**骨や歯の成長**が**影響を受け**、**骨軟化症**になる。

文末分詞を使う。

**195** **ステンレススチール**は、摂氏 1038 度（華氏 1900 度）**以上の温度**で**焼きなまし**を行った**あと**、**水焼入れ**または**急冷する**。

文末に置く分詞は、通常は能動的な意味を表す現在分詞（…ing）が多いが、, followed by =「続いて〜する」は過去分詞が許容。文を区切った This is followed by…. と同義。

---

**ワンポイント** **名詞を説明する分詞の品詞**

　分詞の多くが名詞に説明を加えます。そのため過去分詞が形容詞や前置詞としての働きを得ることがあります。例えば damaging stress（損傷応力）の damaging は動詞 damage（〜に損傷を与える）の現在分詞という分類を脱して、形容詞として辞書に掲載されます。an interested party（当事者、関係者、

**188** Electromagnetic waves passing through a medium can be partly reflected, absorbed, and transmitted.

現在分詞 passing で electromagnetic waves を説明。Electromagnetic waves =「電磁波」、medium =「媒体」、reflect =「反射する」、absorb =「吸収する」、transmit =「透過する」。

**189** Ozone is a highly reactive gas composed of three oxygen atoms.

過去分詞 composed で gas を説明。

**190** An atom consists of a positively charged nucleus surrounded by one or more negatively charged particles called electrons.

positively charged, surrounded, negatively charged, called すべて過去分詞。直後または直前の名詞を説明。

**191** Sawdust and other debris on a workpiece produced during machining are removed with an air blower.

sawdust and other debris(おがくずなど)が「生成される」を表す過去分詞 produced を加えて「加工中にワークに付着した」という動きを表す。前置詞 on で「付着」を表し、過去分詞 produced で「(付着)した」を表す。sawdust and other debris adhering to a workpiece during machining よりも自然。

**192** Our main products include a broad range of office printers and multifunction devices, covering different options and needs.

Our main products include a broad range of office printers and multifunction devices. These products cover different options and needs. と同義。

**193** Many countries cannot develop effective influenza vaccines, relying instead on products manufactured by other countries.

Many countries cannot develop effective influenza vaccines. These countries rely instead on products manufactured by other countries. と同義。

**194** A vitamin D deficiency can affect the growth of bones and teeth, causing osteomalacia.

A vitamin D deficiency can affect the growth of bones and teeth. This causes osteomalacia. と同義。

**195** Stainless steels are annealed at a minimum temperature of 1038 °C (1900 °F), followed by water quenching or rapid cooling.

Stainless steels are annealed at a minimum temperature of 1038 °C (1900 °F). This is followed by water quenching or rapid cooling. と同義。

---

利害関係者)の interested は動詞 interest(～に興味をわかせる)の過去分詞という分類を脱して、同様に形容詞として扱います。また、XX including A, B, and C(A, B, C などの XX)の including は動詞 include(～を含む)の現在分詞という分類を脱して前置詞として辞書に掲載されています。

## 2-6 関係代名詞

名詞に説明を加えるために、2つの文の共通部分を**関係付ける代名詞**でつなぎます。特に、関係文の主語を説明する**主格の関係代名詞**を活用します。限定用法（コンマ無し）は**必須の情報**、非限定用法（コンマあり）は**付加情報**を加えます。**限定用法には that, 非限定用法には which** を使います。関係代名詞は係り先が明確に分かるように配置します。

---

**196** アスベストは、岩や土壌に自然に見られる繊維状の鉱物である。

---

### ▶ 2文を組み立ててからつなぐ

2つの文を英作し、共通部分を探します。それらを関係付ける代名詞でつなぎます。関係代名詞で置き換える以外は足さない、引かないのが使い方の基本です。

> **アスベスト**は、**繊維**状の**鉱物**である。
> その繊維状鉱物は**岩や土壌**に**自然**に見られる。

> Asbestos is <u>a mineral fiber</u>.
> <u>The mineral fiber</u> naturally occurs in rock and soil.

◆ fiber は可算・不可算の両方あり。ここでは1種類の繊維を指すため可算扱い。SVC で「アスベスト」を定義する文（SVC は p. 18）。

ここでは naturally occurs in rock and soil は必須の説明のため、限定の that を使います。

---

**196** Asbestos is a mineral fiber that naturally occurs in rock and soil.

---

**201** スズはやわらかいので、破れずに薄いシート状に延ばすことができる。

---

### ▶ 因果関係を関係代名詞で表す

同様に2つの文を組み立て、共通部分に下線を引きます。

> スズはやわらかい。
> スズは破れずに薄いシート状に延ばすことができる。

> <u>**Tin**</u> is soft.
> <u>**Tin**</u> can be rolled into thin sheets without breaking.

◆2文をつなぐことを検討をする。関係代名詞 which でつなぐ(that ではない)。Tin is soft. It can be ... の代名詞 it も避ける。

---

**201**　Tin, which is soft, can be rolled into thin sheets without breaking.

◆等位接続詞 and でつなぐ Tin is soft and can be rolled into thin sheets without breaking. では、is soft と can be rolled の2箇所の述部が並列となる。関係代名詞なら伝えたいほうの情報を目立たせられる。

## ▶ 限定と非限定の基本と応用　もっと英作練習

　限定用法は必須情報、非限定用法は付加情報を文に加えます。コンマの有無が形の違いです。限定用法とすべきか非限定用法とすべきかを文脈で判断します。

**限定：** 酸素、水素、窒素は、常温では**液化**できない**気体**である。
Oxygen, hydrogen, and nitrogen are gases that cannot liquefy at room temperature.

◆「常温では液化できない」は「気体」を説明する必須情報。

**非限定用法：** **バイオマス資源**からなる**バイオベース材料**は、**天然由来**のものと**合成された**ものがある。
Biobased materials, which are derived from biomass resources, either occur naturally or are synthesized.

◆「バイオマス資源からなる」は「バイオベース材料」の説明。「バイオベース材料」単体でも意味は分かり、補足の説明のため非限定。

**限定・非限定の応用：** **サンゴ礁**は、**人間**が引き起こした大気中の**二酸化炭素**の増加に起因する海洋**酸性化**の影響を受けやすい。

**非限定：** Coral reefs are vulnerable to ocean acidification, which results from increased anthropogenic carbon dioxide in the atmosphere.

◆この文が伝える内容は「サンゴ礁は、海洋酸性化の影響を受けやすい」であり、「人間が引き起こした大気中の二酸化炭素の増加に起因する」が補足説明。

**限定：** Coral reefs are vulnerable to ocean acidification that results from increased anthropogenic carbon dioxide in the atmosphere.

◆「海洋酸性化」の中でも、注目しているのは「人間が引き起こした大気中の二酸化炭素の増加に起因する海洋酸性化」のため限定が可能。

---

**196** **アスベスト**は、岩や**土壌に自然に見られる**繊維状の鉱物である。

「アスベストは、繊維状の鉱物」「それは土壌に自然に見られる」の 2 文を英作してつなぐ。

---

**197** **アルコール**は、各**分子**に一以上の**ヒドロキシ基**を有する**有機化合物**である。

「アルコールは有機化合物である」と「それらは各分子に一以上のヒドロキシ基を有する」を英作してつなぐ。

---

**198** **超伝導**とは、低温で**物質**が電気抵抗を**失う**現象である。

「超伝導とは現象である」と「その現象においては、低温で物質が電気抵抗を失う」の 2 文を英作してつなぐ。

---

**199** 学習中に**神経シーケンス**が**発達する仕組み**についてはまだよく**分かってい**ない。

「仕組みはまだよく分かっていない」と「その仕組みにより、学習中に神経シーケンスが発達する」の 2 文を英作してつなぐ。

---

**200** **透過**とは、**放射線**が変化せずに**物体**を**通過する過程**のことである。

「透過とは過程である」と「その過程によると、放射線が変化せずに物体を通過する」の 2 文を英作してつなぐ。

---

**201** **スズ**はやわらかいので、**破れ**ずに**薄いシート状に延ばす**ことができる。

「スズはやわらかい」と「スズは破れずに薄いシート状に延ばすことができる」の 2 文を英作してつなぐ。関係代名詞非限定で説明を加える。

---

**202** 最も**一般的な型**の**筋ジストロフィー**はデュシェンヌ型（DMD）であり、**通常**4 歳頃の年齢の男児に**発症する**。

「最も一般的な型の筋ジストロフィーはデュシェンヌ型（DMD）である」と「それは通常 4 歳頃の年齢の男児に発症する」の 2 文を英作してつなぐ。関係代名詞非限定で説明を加える。

---

**203** **原子力発電**は、**熱エネルギー**を利用して水を**水蒸気**に変え、その**水蒸気**によって**タービン発電機**を回して**発電する**。

「原子力発電は、熱エネルギーを利用して水を水蒸気に変える」「その水蒸気によってタービン発電機を回して発電する」の 2 文を英作してつなぐ。関係代名詞非限定（コンマ + which）で順を追って説明を追加。

---

**196** **Asbestos is a mineral fiber that naturally occurs in rock and soil.**

Asbestos is a mineral fiber. と The mineral fiber naturally occurs in rock and soil. の共通部分 mineral fiber を関係代名詞 that で置きかえつなぐ。必須情報(限定用法)には that。

**197** **Alcohols are organic compounds that contain one or more hydroxyl groups in each molecule.**

Alcohols are organic compounds. と The compounds contain one or more hydroxyl groups in each molecule. の共通部分 organic compounds を関係代名詞 that で置きかえつなぐ。必須情報(限定用法)には that。

**198** **Superconductivity is a phenomenon in which materials lose resistance to the passage of electricity at low temperature.**

Superconductivity is a phenomenon. と In this phenomenon, materials lose resistance to the passage of electricity at low temperature. の共通部分 phenomenon を関係代名詞 which で置きかえてつなぐ。前置詞を伴う場合 that は使えないので which。前置詞 in を残して正しく組み立てるためには、関係代名詞でつながれる前の 2 文を理解すること。

**199** **The mechanism by which neural sequences develop during learning remains unknown.**

前置詞 by +関係代名詞。The mechanism remains unknown. と By this mechanism, neural sequences develop during learning. の 2 文を関係代名詞 which でつなぐ。前置詞を伴う場合、関係代名詞は that が使えないので which。

**200** **Transmission is the process by which radiation passes through an object without being affected.**

Transmission is the process. By this process, radiation passes through an object without being affected. を関係代名詞 which でつなぐ。

**201** **Tin, which is soft, can be rolled into thin sheets without breaking.**

Tin is soft and can be rolled into thin sheets without breaking. とも同義。非限定ではメイン情報が見つけやすい。

**202** **The most common form of muscular dystrophy is Duchenne muscular dystrophy (DMD), which typically affects males beginning around the age of four.**

which 以下は Duchenne muscular dystrophy (DMD) を説明。非限定は、取り除いても文全体の基本的な意味には影響を与えない。固有名詞(ここで DMD)に説明を加えるのに便利。The most common form of muscular dystrophy is Duchenne muscular dystrophy (DMD). It typically affects ... のような代名詞 it も避けられる。

**203** **Nuclear power generation uses thermal energy to convert water into steam, which drives a turbine generator to produce electricity.**

which 以下は steam を説明。文全体の情報が多い場合にも関係代名詞の前で区切って読める。時間的流れが追いやすい。

## 2-7 to 不定詞

　**未来のこと・これから起こること**を表します。文頭で「〜するために」と目的を表したり、動詞の後ろや文の後半で「これから起こること」や「目的」を表すために使います。

| 204 | スイッチを閉じるとトランジスタに順方向バイアスがかかり、LED が点灯する。 |
|---|---|

### ● 後に起こる動作を to 不定詞で置く

　前半と後半を別の文で組み立ててから、2 文目を「これから起こる出来事」として to 不定詞で表します。

> スイッチを閉じるとトランジスタに順方向バイアスがかかる。
> Closing the switch forward biases the transistor.

＊ forward bias =「順方向バイアスをかける」2 語でひとつの動詞として働く。

> そのことにより、LED が点灯する。
> This energizes the LED.

後半の情報を to 不定詞でつなぎます。

| 204 | Closing the switch forward biases the transistor **to energize** the LED. |
|---|---|

### ● 他の類似表現との比較

　to 不定詞で「〜すると〜となる」という結果を表す場合に、別の類似表現があります。①つながずに 2 文に分けたままにする、②等位接続詞 and でつなぐ、③関係代名詞、④文末分詞です。それぞれの用途を理解すると便利です。

(1) Closing the switch forward biases the transistor. This energizes the LED.
　　【つながず 2 文目を This で開始】
(2) Closing the switch forward biases the transistor and energizes the LED.
　　【等位接続詞 and でつなぐ】
(3) Closing the switch forward biases the transistor, which energizes the LED.
　　【関係代名詞でつなぐ】
(4) Closing the switch forward biases the transistor, thus energizing the LED.
　　【文末分詞でつなぐ】

(1) 文全体が長いときに使用します。

(2) biases と energizes の 2 つの動作を並列に表します。一方の動作を目立たせ
たい場合や因果関係が読み取りづらい場合には不適です。

(3) 直前の名詞（the transistor）を説明する用途であれば、関係代名詞が使用でき
ます。一方、前文全体を説明する関係代名詞は係り先が不明確になるので使
用を控えます。その場合には、(1) または (4) を選びます。

(4) 文末分詞は特に制約無しに使えます。意味は (1) This energizes ... と同じで
す。読み手に素早く情報を与えたいときに使用します。分詞以下の意味が読
み取りづらい場合には、それを助ける thus（したがって）を入れます。

　to 不定詞は「これから起こる未来のこと」で「起こってほしいこと」に使い
ます。to energize the LED（LED が点灯する）は適切です。一方、例えば「LED
が点灯する」ではなく「LED が損傷する」の場合には、to 不定詞を使って to
damage the LED と表現することができません。その場合には、上の別の表現
から選択します。特に、(2)、(4) のいずれかで適切に変換できます。

## ▶ 文頭・文の後半・動詞の後ろで目的を表す to 不定詞

　目的を先に明示する必要がなければ、to 不定詞の位置は文の長さによる読み
やすさに応じて決めます。 もっと英作練習

---

放射線治療では、副作用を最小限に減らすために患者の食生活を変更すること
が必要となる場合がある。

To reduce side effects, radiation therapy may require a change in a
patient's diet.

Radiation therapy may require a change in a patient's diet to reduce side
effects.

◆文頭・文末のいずれも可能。文頭に置くと目的が明示できる。

---

放射線治療の目的は、正常細胞へのダメージを最小限にしながら腫瘍細胞を死
滅させることである。

The purpose of radiation therapy is to kill tumor cells while minimizing
damage to healthy cells.

Radiation therapy aims to kill tumor cells while minimizing damage to
healthy cells.

◆動詞の後ろに to 不定詞を置いて目的を表す。

**204** スイッチを**閉じる**と**トランジスタ**に順方向バイアスがかかり、**LED** が**点灯する。**

to 不定詞で次に起こる動作を表す。

**205** **粉末**状の**銀**を液体**水銀**と混ぜ合わせると**アマルガム**ができる。

to 不定詞は「〜すると〜となる」という文脈に。

**206** **ベアリング**の目的は、**機械**の**可動部**間の**摩擦**を**減らす**ことである。

補語に to 不定詞を使って目的を表す。

**207** **工場自動化**の目的は人為的な**ミス**を**最小限に減らし**、**生産性**を**高める**ことである。

to 不定詞は「未来」を表す。

**208** DRAM は**一連のコンデンサー**に**デジタル情報**を**蓄積する。**

「DRAM は一連のコンデンサーを使って、デジタル情報を記憶する」

**209** ABC スキャンや Website Auditor といった**ツール**を使って**ウェブサイト**の**脆弱性**について**分析する**ことができる。

主語の選択を工夫。

**210** **自動運転車**は、**自律型**カーや**ドライバーレスカー**などと呼ばれ、種々の**センサー**を搭載して周囲の**状況**を**認識する。**

to 不定詞で「これから起こること」を表す。

**211** **ヒートシンク**から**ファン**を**外す**には、**ファン**を**固定している**ネジ 4 本を外してください。

文頭の to 不定詞で目的を表す。

---

### ワンポイント in order to はやめましょう

「〜するために」を表す in order to は間違いではありませんが、簡潔さのために in order を省略します。省略すると to 不定詞が「目的」か「結果」か分からないという意見を聞くことがありましたが、in order を省略した上で、文の構造を変更して読みやすくすることが大切です。to 不定詞が表す「目

**204** Closing the switch forward biases the transistor to energize the LED.

to 不定詞は「これから起こること」の中でも「起こってほしいこと」に使う。to energize the LED で「LED が点灯する」という結果を表す。forward bias =「順方向バイアスをかける」。

**205** Silver powder is mixed with liquid mercury to form an amalgam.

to form an amalgam で「アマルガムができる」という結果を表す。

**206** The purpose of bearings is to reduce friction between moving parts of a machine.

to reduce で「目的」を表す。SVC の補語の位置に置く to 不定詞は読みやすく効果的。

**207** Factory automation aims to minimize human errors and improve productivity.

aim to ... で「〜を目的とする」。factory automation =「工場自動化、ファクトリーオートメーション」。

**208** Dynamic random-access memory (DRAM) uses an array of capacitors to store digital information.

use〜to... で「〜を使って ... する」。

**209** Developers can use tools as ABC Scan and Website Auditor to analyze potential vulnerabilities of their websites.

use 〜 to... で「〜を使って ... する」。主語に具体的な人(developer)を使用。

**210** Self-driving cars, also known as autonomous cars or driverless cars, combine a variety of sensors to perceive their surroundings.

to 不定詞は「これから起こること」で「起こってほしい」ことを表す。to perceive their surroundings で「周囲の状況を認識する」という目的を表す。combine =「〜を組み合わせる」。

**211** To remove the fan from the heat sink, remove the four screws securing the fan in place.

文頭 To remove the fan from the heat sink で「ヒートシンクからファンを外す」という目的を表す。動作指示する命令文で効果的。

的」「結果」はいずれも「これから起こること」です。文脈、つまりどのように読まれるかに応じて「目的」や「結果」になります。「目的」として読ませたい場合には、先に目に入るように、目的の to 不定詞を文頭に出します。

## 2-8 副詞

副詞で**動詞や文全体にニュアンスを加え**ます。副詞の位置は、係り先の近くです。他動詞と目的語の間には入れることができません。

> **212** 過去200年において、大気中の二酸化炭素の量が著しく増えた。

### ▶ 副詞は文に追加するだけ

「過去200年において、大気中の二酸化炭素の量が増えた」をまず英作します。そして修飾先である動詞の近くに副詞を置きます。

Atmospheric carbon dioxide has increased over the past two centuries.

◆ 「増えた」は過去形と現在完了形が想定できる。「過去200年において」が意図するのは「今から見た、今につながる過去」のため、現在完了形。

◆ 「大気中の二酸化炭素の量」は丁寧に表すと The amount of carbon dioxide in the atmosphere ですが、便利な形容詞 atmospheric を使って、平易に表す。

> **212** Atmospheric carbon dioxide has **markedly** increased over the past two centuries.

副詞の位置はAtmospheric carbon dioxide has increased markedly ... も考えられます。修飾先は動詞 increased で同様に近いのでいずれも可能です。副詞を動詞の前に出すと、読み手に早く読ませる効果があります。

### ▶ 様々な副詞の修飾  もっと英作練習

副詞を文に加えるだけで程度を変えたり意味を加えたりできます。

3D モデルの**出力品質**は入力データの**特性**に**大きく依存する**。
The output quality of 3D models **largely** depends on the properties of the input data.

＊ depend on =「～に依存する、頼る、～によって決まる」。副詞 largely =「大きく」を入れることで「依存」の程度を調整。

**大きさ、形状、構造**が多種にわたる**産業ロボット**が**流通している**。
Industrial robots are available **commercially** in a wide range of sizes, shapes, and configurations.

＊副詞 commercially =「商業上」を使って「流通している」を表す。ニュアンスや強さの調整ではなく意味を加える副詞。... are available =「〜がある」の応用表現。

**現代のエンジンシステムは燃焼パラメータを電子制御することでエンジン出力を増し排気を減らす。**

Modern engine systems **electronically** control combustion parameters to increase engine output and reduce emissions.

◆副詞 electronically =「電子的に」で意味を加える。

**温度の上昇により、サーミスタの抵抗値が下がったようだ。**

**Apparently,** the temperature rise caused a drop in the resistance of the thermistor.

◆副詞 Apparently =「(見たところでは)〜のようだ」を文頭に使い、文全体を修飾する。

## ワンポイント　副詞の活用で It is ___ that 構文を無くす

　「〜であることは明らかである」「特記すべきことは〜である」「〜と考えられる」を副詞の活用で減らせます。

(1) 化石燃料がこの先数十年の世界のエネルギー供給の大部分を占めることは明らかである。

It is clear that fossil fuels will dominate global energy supply for decades.

→ Clearly, fossil fuels will dominate global energy supply for decades.

(2) 特記すべきことは、この先数十年の世界のエネルギー供給の大部分を占めることである。

It should be noted that fossil fuels will dominate global energy supply for decades.

→ Notably, fossil fuels will dominate global energy supply for decades.

(3) この先数十年の世界のエネルギー供給の大部分を占めると考えられる。

It is believed that fossil fuels will dominate global energy supply for decades.

→ Fossil fuels will seemingly dominate global energy supply for decades.

**212** 過去 200 年において、**大気中の二酸化炭素の量が著しく増えた。**

「著しく」を表す副詞を検討。

**213** **試作**カメラでは、**ダイナミックレンジを** 150 dB に**改善する**ことが**できた。**

副詞を活用して「〜できた」を表す。

**214** **LED は電子機器の表示灯に一般的に使われている。**

「一般的に」を表す副詞を検討。

**215** 肌の**炎症**は、**誤って刺激物に触れたために起こった**と**考えられる。**

「〜と思われる」を副詞一語で表す。

**216** **機械翻訳の性能**は教師データの質と量に**大きく左右される。**

「大きく左右される」の「大きく」に副詞を検討。

**217** **オゾン**は、短時間に**酸素や水に変化する非常に不安定**な物質である。

「非常に」に副詞を検討。修飾先の近くに置く。

**218** ロボットにより、多くの**産業**、**中でも製造業に顕著な変化**がもたらされた。

「中でも」つまり「特に」を表す副詞を検討。

**219** 両手法に**有意差**が報告されなかったことは**特記すべき**である。

「特記すべきである」を副詞で表す。

**220** AI が人間の生活に**革命をもたらす**ことは**明らかである。**

「明らかである」を副詞で表す。

**221** **通常、併用療法**とは、**1 つの病気を複数の治療法を使って治療する**ことをいう。

「通常」を表す副詞を検討。

**212** Atmospheric carbon dioxide has markedly increased over the past two centuries.

「著しく」は markedly, greatly, drastically, significantly など。時制は今につなげる現在完了（PXX）。

**213** The prototype camera has successfully improved the dynamic range to 150 dB.

副詞の活用で The prototype camera has succeeded in improving the dynamic range to 150 dB. よりも組み立てやすく読みやすい。時制は今につなげる現在完了（PXX）。

**214** Light-emitting diodes (LEDs) are commonly used for indicator lights on electronic devices.

commonly の他には typically や often, frequently で「一般的に」を表せる。

**215** Skin inflammation was seemingly caused by accidental exposure to irritants.

seemingly（～と思われる）も便利。動詞の前に挿入。過去の事象の報告に過去形を使用（時制は PXX）。Skin inflammation =「肌の炎症」。

**216** The performance of machine translation relies heavily on the quality and amount of data sets used for training.

rely on =「～に依存する、頼る」。rely と on の間に副詞 heavily を「大きく」を使うことで度合いを調整。heavily の他には largely も可。data sets used for training =「教師データ」。

**217** Ozone is highly unstable and changes to oxygen or water in a short time.

highly =「非常に」。unstable =「不安定な」の前に置いて修飾。

**218** Robots have transformed many industries, most notably manufacturing.

most notably =「特に」、transform =「変わる」。時制は今につなげる現在完了（PXX）。

**219** Notably, no significant difference was observed between the two methods.

notably =「 特記すべきことには 」を文頭に置いて、文全体を修飾。It should be noted that no significant difference ... よりも短く読み手に情報が早く届く。実験報告に過去形（PXX）。

**220** Clearly, artificial intelligence will revolutionize human lives.

clearly =「明らかに」。副詞の使用で It is clear that ... よりも短く表現。文頭で文全体を修飾。

**221** Typically, combination therapy refers to using multiple therapies to treat a single disease.

typically =「通常」「一般的に 」を文頭に置いて文全体を修飾。combination therapy =「併用療法」。therapy は可算・不可算両方。

## 2-9 比較

比較は**対象の形を正しくそろえ**ます。比較級を使いこなせば、簡潔・明快な文を書けます。

> **222** 量子コンピューターは、従来のコンピューターと比べて指数関数的に高速で計算する。

### ▶ 比較対象を決め、骨組みを英作する

文を短くして、骨組みを作ります。

量子コンピューターは、高速で計算する。
Quantum computers calculate fast.

比較級(-er + than)を加え、比較対象を置きます。「量子コンピューター」と「従来のコンピューター」の形をそろえて比較します。

Quantum computers calculate **faster than** classical computers (calculate または do).

最後に副詞「指数関数的に」を加えて完成です。

> **222** Quantum computers calculate exponentially <u>faster than</u> classical computers.

> **224** 水中では、音は空気中よりもはるかに遠くまで進む。

### ▶ 比較対象を見極める

主語は「音」としますが、比較対象は主語ではありません。「水中で」と「空気中で」を比較します。まず骨組みを作ります。

音は水中では遠くまで進む。
Sound travels far underwater.

＊ underwater =「水中で」

比較級(farther)を加え、than(〜より)の後ろに比較対象を置きます。

Sound travels **farther** underwater <u>than</u> in air.(= Sound travels farther underwater than **it travels** in air. から重複部分を削除)

◆比較級(farther)と than は必要に応じて切り離すことができます。つまり farther ___ than___ が可能です。

最後に比較級を強める「はるかに」を加えて完成です。

| 224 | Sound travels **much farther** underwater **than** in air. |
|---|---|

2-9
比
較

| 233 | コンバーター効率は、入力電圧が高いほど低くなる。 |
|---|---|

## ▶ 比較の規則変化と不規則変化

比較級と最上級の作り方は、規則的に -er, -est または more, most を付ける場合と、不規則に変化させる場合があります。

規則変化：high — higher — highest （高い・より高い・最も高い）
　　　　　susceptible — more susceptible — most susceptible
　　　　　（影響を受けやすい、より影響を受けやすい、最も影響を受けやすい）
不規則変化：far — farther — farthest （遠い・より遠い・最も遠い）
　　　　　much — more — most （多い・より多い・最も多い）

比較級を強めて「はるかに～」の意味を表すためには much や far を使います（例：much higher, far more susceptible）。また、比較級に自由に副詞を追加できます（例：exponentially higher）。

## ▶ 比較級を複数箇所に使う

「～よりも～」の比較ではなく、「～のときに、より～」の比較表現です。「コンバーター効率は低くなる」「入力電圧が高い」の2箇所に比較級を使います。

まず The efficiency of the converter is low. The input voltage is high. と英作してから比較級に変えます。比較級を使わずに、動詞 decrease(減少する)、increase(増加する)で比較を表現することも可能です。

| 233 | The efficiency of the converter is lower as the input voltage is higher.<br>The efficiency of the converter decreases as the input voltage increases. |
|---|---|

さらには前置詞句を使って、複文構造を単文に変えることもできます（前置詞は p. 86）。比較級を活かして短く表します。

> The efficiency of the converter is lower at higher input voltages.

## ● 「より程度が低い」を表す less

程度がより低い場合に less を使います。

> **単焦点レンズ**の方が、ズームレンズよりもフレアを生じにくい。
> Fixed focal length lenses are less susceptible to a lens flare than zoom lenses.

◆ less + 形容詞で「より程度が低い」を表す。

## ● 「より少ない〜」を表す「less + 数えない名詞」と「fewer + 数える名詞」

数には fewer、量には less を使います。

| | |
|---|---|
| fewer participants | より少ない参加者（可算） |
| less time | より短い時間（不可算） |

## ● 比較級・原級・最上級 もっと英作練習

「〜より〜」を表す比較級以外にも、「〜と同じくらい〜」を表す原級、「最も〜」を表す最上級も合わせて理解しておきましょう。

> 洗濯機は**家電製品**の中で最も多くの水を**必要とする**。

比較級： Washing machines use more water than any other electrical appliances.

原級： No other electrical appliances use as much water as washing machines.

原級は「〜と同じ」以外に、等倍にした「〜の〜倍の〜」にも活用できます。

> 従来型の洗濯機は、新しい高効率モデルと比較して２倍量の水を使う。
> The traditional washing machines use almost twice as much water as the newer, high-efficiency models.

　英語は主語の直後に動詞が来ます。英語を組み立てる力を向上させたい方はインターネットで様々な英文を読んで吸収することがお薦めです。例えば下のような公的な機関のホームページの英語を味わいながら、合わせて「動詞」を習得しておくとよいでしょう。

■アメリカ合衆国環境保護庁

U. S. Environmental Protection Agency　（https://www.epa.gov/）

■アメリカ合衆国国土安全保障省

U.S. Department of Homeland Security　（https://www.dhs.gov/）

■アメリカ合衆国労働省

U.S. Department of Labor　（https://www.dol.gov/）

■世界保健機関

World Health Organization　（https://www.who.int/）

■国際連合

United Nations（https://www.un.org/en/）

■国際連合教育科学文化機関（ユネスコ）

UNESCO（https://en.unesco.org/）

　「アメリカ合衆国環境保護庁」のホームページからいくつか記事を読んでみましょう。動詞に着目をして、文の組み立てを理解しながら読みましょう。

---

"Mold"

Molds **are** part of the natural environment, and **can be found** everywhere, indoors and outdoors. Mold **is** not usually a problem, unless it **begins** growing indoors. The best way to control mold growth **is** to control moisture. This website **provides** guidance about mold and moisture for homes, schools, multifamily and commercial buildings. Molds **can have** a big impact on indoor air quality.　（https://www.epa.gov/mold）

「カビ」

カビは**自然環境**の一部であり、**室内**、**屋外**のどこにでも存在し得る。**室内**で増殖を開始しない限り、カビは通常は問題にはならない。カビの増殖を制御する最良の方法は**湿気**を制御することである。本サイトでは、家庭、学校、集合住宅や商用ビルにおけるカビと**湿気**に関する指針を提供する。カビは室内の空気環境に大きな影響を与える可能性がある。

＊be動詞を使ったSVCと明快な自動詞を使ったSVOが使われています。（p. 116 に続く）

**222** **量子コンピューター**は、**従来の**コンピューターと比べて**指数関数的に**高速で**計算する。**

比較は対象をそろえる。「量子コンピューター」と「従来のコンピューター」を比較。

**223** **電気自動車**は、**従来**車の大半と比べて**走行距離**が短い。

「電気自動車」と「従来の車」を比較。

**224** **水中で**は、音は空気中よりもはるかに遠くまで**進む。**

「水中で」と「空気中で」を比較。

**225** 多くのウェブ**ツール**が**利用できるようになった**ため、**ビデオ会議**はかつてないほど簡単になった。

比較の対象は「過去」と「今」。

**226** **インプラント**は、長期的に見ると、**義歯**に比べてはるかに**維持**が容易で費用が**かからない。**

「インプラント」と「義歯」を比較。

**227** 子供や発育中の胎児は大人に比べて、重金属や農薬といった**環境有害因子**の**影響**を**受けやすい。**

「子供と発育中の胎児」と「大人」を比較。「～を受けやすい」を比較級で。

**228** 同**性能**の車では、**精巧な塗装を施された**車の方が概観が良好で**商品**価値が高くなる。

「精巧な塗装を施された車」と「それと同性能の車」を比較。

**229** 天気型の**変化**によって、特定の**地域**の**降雨量**が通常よりも減少した。

「より程度が低い」を比較級で。

**230** 従業員数 25 名以下で**従業員**の**年間給与**が**平均** 5 万ドル未満の企業は**税控除**が受けられる。

「25 名以下」「5 万ドル未満」を「より少ない」を表す比較級で。

**222** Quantum computers calculate exponentially faster than classical computers.

Quantum computers と classical computers を比較。Quantum computers calculate fast. をまず英作。fast → faster than に変形し、than classical computers (do) とする . exponentially =「指数関数的に」を加える。

**223** Electric vehicles (EVs) have a shorter driving range than most conventional vehicles.

Electric vehicles (EVs) と conventional vehicles を比較。Electric vehicles (EVs) have a short driving range. をまず英作。a shorter driving range than most conventional vehicles (do). とする。

**224** Sound travels much farther underwater than in air.

主語ではなく underwater(水中で)と in air(空気中で)を比較。Sound travels far underwater. を作ってから far → farther than と作成、のちに than (it travels) in air. とする。比較級を強める much を追加。

**225** Video conferencing has never been easier with many emerging Web tools.

never been easier (before than now) =「今と比べてより簡単になったことはいまだかつてない」=「かつてないほど簡単になった」。比較の対象を隠した表現。be 動詞と時制を活かした SVC。Many emerging Web tools have made video conferencing easier than ever. (SVOC) からの変形。

**226** Implants require much less maintenance and expenses over time than dentures.

Implants（インプラント）と dentures（義歯）を比較。比較級を強める much。無生物主語 Implants が require すると表現。

**227** Children and developing fetuses are more susceptible to environmental toxicants such as heavy metals and pesticides than adults.

more + 形容詞で「より程度が高い」を表す。be susceptible to =「～の影響を受けやすい」、environmental toxicants =「環境有害因子」、heavy metals =「重金属」、pesticides =「農薬」。

**228** A finely painted car appears better than other cars with the same performance and presents a higher product value.

A finely painted car と other cars with the same performance を比較。

**229** Shifting weather patterns have caused certain areas to experience less precipitation than usual.

less + 名詞で「より程度が低い」を表す。cause + モノ + to + 動詞で「モノが～するようになる」。

**230** Businesses with 25 or fewer employees and average annual wages of less than $50,000 may receive a tax deduction.

「25 名以下」「5 万ドル未満」は 25 or fewer employees, less than $50,000 とする。「より少ない」は個体の数を表す、つまり数える名詞に fewer を使い、量、つまり数えない概念には less を使う。

**231** **溶接**有りの**試料**は**溶接**無しの**試料**よりも**変形**が大きかった。

比較は対象をそろえる。「溶接有りの試料の変形」と「溶接無しの試料の変形」を比較。

**232** **時間をかけて**成長する**結晶**は、**急速に成長する結晶**よりも大きくなる**傾向がある**。

比較対象を「結晶」にする。または「時間をかけて成長する」と「急速に成長する」を比較も可能。

**233** **コンバーター効率**は、**入力電圧**が高いほど低くなる。

比較級を2箇所に使い「〜すればするほど〜」を表す。

**234** **患者**が**病状**についてよく理解していれば、**医療行為**に対してより**協力的となる**ことがある。

比較級を2箇所に使い「〜であれば〜、より〜となる」を表す。

**235** **ヘリウム原子**は、**水素原子**の4倍の**重さである**。

原級 (as ... as ...) で同等比較。

**236** **エアコンと暖房器具**が**家電製品**の中で最も多くの**エネルギー**を**必要とする**。

「エアコンと暖房器具」を主語にした最上級。

---

## ワンポイント　動詞に着目して英文を読もう（続き）

"Where does haze-forming pollution come from?"
Air pollutants **come** from a variety of natural and manmade sources.
Natural sources can **include** windblown dust, and soot from wildfires.
Manmade sources can **include** motor vehicles, electric utility and industrial fuel burning, and manufacturing operations. (https://www.epa.gov/visibility/basic-information-about-visibility)
「ヘイズ（煙霧）の原因となる汚染はどこからくる？」
大気汚染の要因として、種々の自然由来または人工的な要因がある。自然由来の要因としては、**風に吹き飛ばされるほこり**や原野火災からの**すす**などがある。人工的な要因としては、自動車、**電気事業**や産業における燃料の燃焼、製造にかかる作業などがある。
＊平易な動詞 come による SV、そして平易な他動詞 include の SVO です。

**231** The deformation was greater for the welded specimens than for the specimens without welds.

The deformation of the welded specimens was greater than that of the specimens without welds. と書いてから主語を短く整える。The welded specimens deformed more than the specimens without welds. も可能。

**232** Crystals that form slowly tend to be larger than crystals that form quickly.

Crystals that form slowly と crystals that form quickly を比較。Crystals tend to be larger when forming slowly than when forming quickly. も可能。

**233** The efficiency of the converter is lower at higher input voltages.

比較級の活用で The efficiency of the converter decreases as the input voltages increase. よりも短く表現。

**234** Patients with more knowledge about their conditions may cooperate more with medical interventions.

more knowledge, cooperate more の2箇所に比較を使う。medical interventions =「医療行為」。

**235** A helium atom weighs four times as much as a hydrogen atom.

A helium atom weighs four times more than a hydrogen atom. のように比較級 more than でも可能。weigh =「〜の重さがある」。

**236** Air conditioners and space heaters use the most energy of all electrical appliances.

Air conditioners and space heaters use energy.をまず英作、the most energy of all electrical appliances.で最上級を表す。Air conditioners and space heaters use more energy than any other electrical appliances. のように比較級でも可能。

---

"What Causes Acid Rain?"
Acid rain **results** when sulfur dioxide ($SO_2$) and nitrogen oxides ($NO_x$) are emitted into the atmosphere and transported by wind and air currents. The $SO_2$ and $NO_x$ **react** with water, oxygen and other chemicals to form sulfuric and nitric acids. These then **mix** with water and other materials before falling to the ground. （https://www.epa.gov/acidrain/what-acid-rain）
「酸性雨の原因は？」
酸性雨は、大気中に放出された二酸化硫黄と窒素酸化物が風や気流に運ばれることにより起こる。二酸化硫黄や窒素酸化物が水、酸素、化学物質と反応して硫酸や硝酸となり、それらが水などに溶け込み地上に降ってくる。
＊動詞 result, react, mix による SV が活きています。

## 2-10 略語・句読点

　略語のスペルアウトの方法や句読点の決まりを知っておくことも大切です。**略語は初出の箇所でスペルアウト**し、**略語を丸括弧内に入れます**。読むときは、スペルアウトを読み、or AA と略語を続けます。句読点は、**コロン（詳細を説明）**、**セミコロン（2文を関連付けてつなぐ）**、**ダッシュ（補足説明）**、**コンマ（言い換えを挿入）**の代表的な使い方を理解しましょう。また、**丸括弧（補足説明）**も押さえましょう。

---

| 237 | 有限要素法(FEM)とは、工学や数理物理学における問題を解く数値解析手法である。 |
|---|---|

### ▶ 略語は初出の箇所でスペルアウト、普通の名詞と同様に扱う

　有限要素法(FEM)をスペルアウトすると finite element method です。method は可算のため数える必要があります。冠詞を判断します。有名な手法で他に何種類もあるわけではないため、the を選択します。

　主語 The finite element method (FEM) が完成します。その先は、FEM を定義する SVC の文を作成します。

---

| 237 | **The finite element method (FEM)** is a numerical method for solving problems in engineering and mathematical physics. |
|---|---|

◆略語を使う場合はスペルアウトを先に書き、略した形を丸括弧内に入れる。2回目以降に出てきた箇所では略語のみで使う。

---

| 240 | 本反応は、変性、アニーリング、伸張という3つの段階で進行する。 |
|---|---|

### ▶ 句読点を活用して読みやすくする

　「変性、アニーリング、伸張という3つの段階」は英作しづらく、the three steps of denaturation, annealing, and extension などと直訳になりがちです。

　「本反応は3つの段階で進行する」をまず英作し、「詳細を述べる」句読点を使って「変性、アニーリング、伸張」を置きます。3つ以上要素を並べるときには、最後の and の前にはコンマを置きます（シリアルコンマ p. 121）。

> **240** This reaction proceeds in three steps: denaturation, annealing, and extension.

◆コロンは大まかなことを述べたのち、詳細情報の導入に使う。コロンは文の中ほどに配置されることが多い。

略語、コロン、ダッシュ（長いダッシュと短いダッシュ）、セミコロン、コンマ、丸括弧を英作で練習しましょう。 もっと英作練習

## 略語の基本を知る

集積回路(IC)は**半導体**からなる１枚の小型平板（**通常**シリコン**基板**）に搭載される複数の電子**回路**である。**集積回路**はあらゆる**電子機器**に使われている。
**An integrated circuit (IC)** is a set of electronic circuits on a small flat piece of semiconductor material, which is normally **a Si substrate**. **ICs** are now used in any electronic devices.

● 略語を使う場合は、初出の箇所でスペルアウトする。スペルアウトを先に、略した形を丸括弧内に書く。２回目からは、略語のみを使う。
● 例外は元素記号。初出で定義しなくてもよい。例：silicon (Si) としなくてもよい。
● 略語は通常の名詞と同様に数える。可算名詞の略語は a/an ＋単数または無冠詞で、または複数形とする。
● 略語に不定冠詞 a/an が必要な時には、発音に応じて選択する。
　例：a Si substrate 　　　　エスアイではなくシリコンと発音するので a
　　　an NMR spectrometer 　エヌエムアールと発音するので an

## コロン：単語・文を続けて詳細を説明

**森林破壊**には多くの原因がある。**建材**のためや、**燃料**として売られるために木が伐採されることがある。
Deforestation has many causes: trees can be cut down and used as building materials or sold as fuel.

**森林破壊**には多くの原因がある。利益目的の木の伐採や、**都市化、農作、原野火災**が原因としてあげられる。

Deforestation has many causes: cutting down of trees for profit, urbanization, farming, and wildfires.

> コロンで詳細を説明する。コロンの後ろには単語の列挙も文も置ける。コロンの前で文が完結する。

長いダッシュ（—）：補足説明を加える

スマートグラスを使えば、日々の移動が劇的に変化する。交通の状態や目的地までの経路が自動で目の前に表示される。
The smartglasses will revolutionize the everyday travel of users—information such as traffic status and directions to your destinations will automatically appear in front of your eyes.

実験では、3つのパラメータ、温度・時間・濃度を使った。
Three parameters—temperature, time, and concentration—were used in the experiment.

> 長いダッシュはコロン・セミコロン・コンマ挿入と同様に補足説明を加える。他の句読点を使うと視覚的にわかりにくいときに効果的。

＊長いダッシュはエム（em）ダッシュまたは全角ダッシュと呼ばれる。

短いダッシュ（–）：数値間にスペース無しで使う

アルツハイマー病では、病気の症状が見られる10〜20年前から脳細胞の破壊がはじまる。
Alzheimer's disease starts destroying brain cells 10–20 years before any symptoms appear.

> 短いダッシュは数値の範囲に使う。X–Y とスペース無しで挿入。X to Y と同義。

＊短いダッシュはエン（en）ダッシュまたは半角ダッシュと呼ばれる。

セミコロン：2つの関連する文をピリオドに代わり関連付ける、要素列挙のコンマを代用する

電源プラグを**無理に押し込まないで**ください。**電源プラグがコンセント**にうまく入らない場合には、使用を**中止して**ください。
Never force the plug into a wall outlet; if it does not easily fit into the outlet, discontinue use.

> セミコロンで文と文を関連付けてつなげる。独立した文同士をつなぐ。

⇒「ワンポイント　セミコロンのもう1つの役割」(p. 124)も参照。

**2-10**

略語・句読点

## コンマ挿入：補足説明を加える

あらゆる**金属**は（**水銀**を除いて）、高温で**溶ける**。
All metals, **except mercury,** melt at high temperatures.

> コンマで区切る挿入句は補足情報を表す。コンマ挿入は日本語の丸括弧に相応する。

## シリアルコンマを使う

電子ファブリックは、**接触**、**圧力**、伸張、**電界**に**応答する**。
The e-fabric responds to touch, pressure, stretch, and electric field.

> A, B, and（または or）C と3つ以上の要素を列挙する際には and（または or）の前のコンマを使うことで明確性を増す。このコンマをシリアルコンマという。

## 丸括弧：補足説明を加える

**溶液**（100 ml）を 200 rpm の**回転数**の**攪拌装置**でかき混ぜた。
The solution **(100 ml)** was stirred by a stirrer with a rotation speed of 200 rpm.

> 丸括弧は、コンマ挿入よりもさらに文全体への重要度が低い補足情報を挿入する。丸括弧内の情報は文に必須ではない。

**237** **有限要素法（FEM）とは、工学や数理物理学における**問題を解く数値解析手法である。

略語を使う場合はスペルアウトが先、略した形が括弧内。

**238** **充電率（SOC：エスオーシー）とは、電池の容量に対する**充電レベルのことである。

略語は丸括弧内に。大文字・小文字は分野での使用に応じる。

**239** **有害な揮発性有機化合物（VOC）によってシックハウス症候群は引き起こされる。**

略語であっても数える名詞には基本的に複数形の s を。

**240** **本反応は、変性、アニーリング、伸張という 3 つの段階で進行する。**

詳細を説明するコロン (:) を使う。

**241** 基礎インスリンは**患者が一日に必要とするインスリン**の約 40~50% とするのが一般的である。

「40~50%」の「~」を適切な表記に。

**242** パイプを使って、**液体や気体を運ぶ**ことができる。例えば、水を**住宅**やオフィスに運んだり、**下水を処理場**に運んだり、**蒸気をタービン**に運んだりできる。

セミコロンで 2 つの関連する文をピリオドに代わり関連付ける。

**243** $CO_2$ の**原子量**は 44 であり、炭素の**原子量**である 12 の約 3.6667 倍である。

ダッシュで詳しい説明を加える。

**244** **光造形法**では、レンズを通過した光により**分子の架橋反応が起こり、3 次元の重合体**が形成される。このプロセスを**光重合**という。

ダッシュで詳しい説明を加える。

**237** The finite element method (FEM) is a numerical method for solving problems in engineering and mathematical physics.

略語を読むときには The finite element method, or FEM と or で略語を導入。エフイーエムと読む。

**238** The state of charge (SoC) is the level of charge of a battery relative to its capacity.

「充電率」は英語で SoC、日本語の場合の SOC と大文字小文字が異なる。

**239** Hazardous volatile organic compounds (VOCs) can cause the sick building syndrome.

volatile organic compounds (VOCs) を複数形で正しく数える。

**240** This reaction proceeds in three steps: denaturation, annealing, and extension.

proceed =「進行する」は自動詞。denaturation, annealing, and extension（変性、アニーリング、伸張）のように 3 つ以上の要素列挙する場合に最後の要素の前の and にコンマを入れて明確に。このコンマは「シリアルコンマ」と呼ばれる。

**241** Basal insulin usually constitutes about 40–50% of a patient's total daily insulin requirement.

ダッシュには短いダッシュと長いダッシュがある。短いダッシュは数値の間をつなぐ。

**242** Pipes carry liquids and gases; for example, pipes carry water to residences and offices, sewage to treatment plants, and steam to turbines.

carry =「〜を運ぶ」 residences =「住宅」、sewage =「下水」、treatment plants =「処理場」、steam =「蒸気」。

**243** $CO_2$ has an atomic weight of 44—roughly 3.6667 times the atomic weight of carbon, which is 12.

視覚的にわかりやすい場合にダッシュで補足説明を足す。

**244** In stereolithography, light sent through a lens causes molecules to cross-link together into three-dimensional polymers—a process known as photopolymerization.

文を区切った In stereolithography, light sent through a lens causes molecules to cross-link together into three-dimensional polymers. This is a process known as photopolymerization. と同義。ダッシュにより情報が早く出る。 stereolithography =「光造形法」、photopolymerization =「光重合」。

**245** 低体温（深部体温が 36℃未満に下がること）は、主要部分の長時間にわた
る手術中に多く起こり得る。

コンマで区切る挿入句は「文にとって補足の情報」。言い換えや補足説明に使用。

**246** ワイドギャップ半導体（窒化物や炭化物、酸化物など）という材料は、バン
ドギャップが大きく、かつ高い電子移動度や耐高温性、さらに無害といっ
た特徴を有する材料である。

コンマで区切る挿入句は「文にとって補足の情報」。日本語の丸括弧「（窒化物、炭化物、酸化物など）」は、
英語ではコンマで挿入可。

**247** スマホやノートパソコンといった小型電子機器および電気自動車の電源に
はリチウムイオン電池が使われている。

丸括弧内に例示を入れる。

**248** VR の用途として、エンターテインメント（例：ゲーム）や教育現場（例：
医療実習や軍隊教育）があげられる。

丸括弧内で例示。

---

## ワンポイント　セミコロンのもう 1 つの役割──列挙する要素を区切る

　コンマで列挙する要素の中でさらにコンマを使いたい時は、代わりにセミ
コロンで区切ります。

効果的なウェブ会議に必要なものは、パソコン、カメラ、マイクといったハ
ードウェア、安定したネット接続、そして互いの協力とフィードバックである。
The effective online meetings require hardware such as a personal
computer, a camera, and a microphone; a reliable Internet connection;
and collaboration and feedback.

## ワンポイント　数字にまつわる表記の決まりいろいろ

　略語・句読点の他にも表記の決まりを知っておくと便利です。

●単位を伴わない数は、1 桁はスペルアウト、2 桁以上は算用数字が基本で、
序数も同様

例：five flasks, 20 flasks　＊ 1〜9 は、数字をスペルアウト
　　first day, 15th day　＊ 1〜9 の序数は、スペルアウト

**245** Hypothermia, a drop in core body temperature to below 36 °C, is common in major and long-duration surgery.

~is common in ... =「～は…においてよくあること」。SVC で短く表現。Hypothermia =「低体温」、core body temperature =「深部体温」。

**246** Wide-bandgap semiconductors, such as nitrides, carbides, and oxides, are materials with large bandgaps, high electron mobility, high thermal resistance, and nontoxicity.

such as は「コンマあり・なし」がある。文に必須の要素にはコンマなし、単なる例示であればコンマあり。

**247** Small electronic devices (smartphones and laptops) and electric cars are powered by lithium-ion batteries.

Small electronic devices, such as smartphones and laptops, and electric cars are powered by lithium-ion batteries. と同義。丸括弧で視覚的に分かりやすく。

**248** Applications of virtual reality can include entertainment (e.g., gaming) and educational purposes (e.g., medical or military training).

丸括弧内に例示などの説明を入れる際、(e.g., ___) の e.g., は for example の意味。e.g., は本文中は控えて丸括弧内で使用するとよい。

---

twofold, 20-fold ＊「～重」を表す -fold のスペルアウトも同じ

分数の場合、分子と分母の両方が 10 未満であればスペルアウト＋ハイフンでつなぎ、いずれかが 10 以上であれば、分数(X/Y)表記します。

例： one-quarter of the results（結果の 4 分の 1）

1/20 of the subjects（被験者の 20 分の 1）

例外：比率はスペルアウトせずに数字を使います。

a ratio of 1:5　　a ratio of 1/5

●文頭の算用数字は避けて、スペルアウトするか、文頭に来ないよう書き直す

例： Fifteen samples were prepared.

＊文頭の数はスペルアウトする。15 samples were ... は×

単位記号を伴う場合は、数のスペルアウトに合わせて記号もスペルアウトすることになります。

例： Twenty milliliters of water was added to the mixture.

＊単位記号を伴う場合、単位記号もスペルアウトする。

＊ 20 mL of water ... や Twenty mL of water ... は×

⇒ Water (20 mL) was added to the mixture. / First, 20 mL of water was added to the mixture.

# Stage 3

# 長い文も作ろう

　短い文が書けるようになったら、情報を加えて長い文も書いてみましょう。文と文をつなぐには、関係代名詞や文末分詞や句読点に加えて、接続詞を使うことができます。複文構造も必要に応じて活用します。さらには文と文を実際につながなくても、複数文の主語をそろえる、または前の文で使った内容を次の文の主語に使うことにより、文同士のつながりを強めて表現できます。

| | 習得項目 | 例文 No. |
|---|---|---|
| 3-1 | 長文 | 249 - 258 |
| 3-2 | 複文構造 | 259 - 267 |
| 3-3 | 文の接続 | 268 - 279 |
| 3-4 | 対比を表す | 280 - 288 |
| 3-5 | 複数文 | 289 - 300 |

## 3-1 長文

短い文が書けるようになったら、少し**長い文も**練習しましょう。**無生物主語 SVO**、**動作が主語の SVO**、**便利な動詞**、といった主に Stage 1 の内容を復習しながら、**数と冠詞、前置詞、分詞**などの Stage 2 の内容も使って文を組み立てましょう。

---

**249** 関節リウマチの患者に最適なケアを提供するためには、薬理学的・非薬理学的療法を含む統合的なアプローチを取ることが重要である。

### ▶ 主語を決め、動詞を決める

無生物主語で日本語を組み立て直し、情報が少ない単語が見つかれば削除します。

→関節リウマチの患者に最適なケアを提供することは、薬理学的・非薬理学的療法を含む統合的なアプローチを取ることを必要とする。

> Providing optimal care to patients with rheumatoid arthritis (RA) requires an integrated approach involving both pharmacologic and nonpharmacologic therapies.

◆文頭の Providing には実質的な情報がないため削除。削除にあたり前置詞を「到達点を表す to」から「〜のを表す of」に変更。

> Optimal care of patients with rheumatoid arthritis (RA) requires an integrated approach involving both pharmacologic and nonpharmacologic therapies.

### ▶ 徐々に文を長くする　もっと英作練習

SV、SVC、SVO、便利な動詞、態や時制他の各種文法項目を復習しましょう。

### ● 主語と動詞だけの SV

**酸性雨**は、**二酸化硫黄**および**窒素酸化物**が大気中に**放出され**、雨水に**溶け込む**ことにより生じる。

Acid rain results when sulfur dioxide ($SO_2$) and nitrogen oxides ($NO_x$) are emitted into the atmosphere and dissolve in rainwater.

◆ result =「結果生じる」は自動詞。result の代わりに他の自動詞 form や occur も可能。従属接続詞 when「〜するとき」を加えて描写する。dissolve =「溶け込む・溶解する」は自他両用。自動詞で使用。

## ● be 動詞＋名詞で作る SVC

サイバーセキュリティーとは、コンピュータシステムの**ハードウェア**や**ソフトウェア**や保存されている**情報**を**窃盗**や**損傷**から**守ること**である。

<u>Cyber security is</u> the protection of computer systems from theft and damage to their hardware, software, and stored information.

◆ be 動詞を使って Cyber security を述部で the protection of computer systems（「コンピュータシステムを守ること」）と定義。

## ●無生物主語の SVO・時制・便利な動詞 allow

インターネットにより**地理的**な**障壁**は**取り払われ**、**世界中**の人々が**リアルタイム**に**交流できるようになった**。

The Internet has eliminated geographical barriers and allowed people across the globe to interact in real time.

◆無生物 The Internet を主語にした SVO。現在完了形は最近の出来事を今に焦点を当て示す。the internet と小文字も可能。

## ●数と冠詞・受け身

**産業用ロボット**とは、ISO 8373 の**定義**によると、**3 軸**以上で**プログラム可能**な、自動制御の**多目的マニピュレーター**である。

An industrial robot is defined by ISO 8373 as an automatically controlled, multipurpose manipulator programmable in three or more axes.

◆ industrial robot =「産業用ロボット」を一般的なものとして表す 3 つの形 An industrial robot, The industrial robot, Industrial robots のいずれも可能。A robot は一体で種類を代表、The robot は「皆が知っているロボットという種類」( 定義文に使える )、Robots は複数で種類を代表する。受け身で文全体をバランス良く表現。

## ● be 動詞＋名詞の SVC・関係代名詞の限定用法・文末分詞・丸括弧

音波とは、**進行方向に沿って振動する粒子**からなる**縦波**であり、**粒子の振動**により、**低圧域**と**高圧域**（**密**と**疎**）が**発生する**。

Acoustic waves are longitudinal waves that consist of particles oscillating along the same line as the waves travel, creating areas of low pressure and high pressure (compressions and rarefactions).

◆関係代名詞 that consist of で SVC を活用した定番の定義文。文末分詞 creating で説明を追加。最後の丸括弧内には補足説明を追加。情報を加えるための様々な文法事項で文を長くする。

動詞 ✓ 動詞を活かして文を組み立てる
ルール6 when や if を避けてシンプルな単文を作る
ルール11 There is/are 構文と仮主語 It is.../ 仮目的語 it を避ける
誤記・不明瞭 ✓ 文法誤記・表記の誤り・不明瞭をなくす

**249** **関節リウマチの患者**に**最適なケア**を提供するためには、**薬理学的・非薬理学的療法**を含む**統合的なアプローチ**を取ることが**重要である**。

「最適なケアを提供するためには」を無生物主語とした SVO で。「関節リウマチの患者の最適なケアは、薬理学的・非薬理学的療法を含む統合的なアプローチを必要とする」

**250** **宇宙**で**水素**を**生成・再利用**できれば、**地球**からの**水素供給**を**減らす**ことができるため、**遠隔ミッション**にかかる**コスト**を**削減できる**。

「宇宙で水素を生成・再利用することにより、遠隔ミッションにかかるコストを削減できる」を動名詞主語の SVO で表し、「地球からの水素供給を減らすことにより」を前置詞で追加。

**251** **機械学習**における**特徴抽出**に使用できる**統計手法**の 1 つに **PCA（主成分分析）**がある。

主語 +be 動詞 + 名詞の SVC で簡潔に。S = C の文構造。

**252** **メラミンは工業用途**が多く、**積層板**、食器、**接着剤**、**成型複合材**、**コーティング**、**難燃剤**などの**製造**に使われる。

万能動詞 have を使い SVO で。including で例示を追加。

**253** 家にある**スマート機器**すべてを**リンクしてクラウドベースの AI** で**制御すれば**、**日々**の暮らしが常に**便利で快適**になる。

動名詞主語の SVO、便利な動詞 enable を使う。「家にあるスマート機器すべてをリンクし、クラウドベースの AI で制御することが、常に便利で快適な日々の暮らしを可能にする」

**254** 当社の**プログラム可能な切削**システムでは、直線や成形、0 度～60 度までの**斜面**など、**様々な形状**の切削が**可能である**。

便利な動詞 enable を使い SVO で。including で例示を追加。

**255** **空間的コヒーレンス**により、**レーザー光**は長距離にわたって狭い幅を保つことができ、そのため**レーザーポインター**といった**用途**が**可能になっている**。

便利な動詞 allow を使い SVO で。文末分詞で情報を追加。

**249** Optimal care of patients with rheumatoid arthritis (RA) requires an integrated approach involving both pharmacologic and nonpharmacologic therapies.

To provide optimal care to patients with rheumatoid arthritis (RA), it is important to take an integrated approach involving both pharmacologic and nonpharmacologic therapies. よりも簡潔。

**250** Generating and recycling hydrogen in space will lower the cost of remote missions by reducing the need for hydrogen supplied from the Earth.

動名詞主語「〜すると、〜する」に加えて、手段を表す前置詞by「〜することにより」。If we could generate and recycle hydrogen in space, we can reduce the need for hydrogen supplied from the Earth and lower the cost of remote missions. よりも簡潔。

**251** Principal component analysis (PCA) is one statistical method used for feature extraction in machine learning.

「〜の1つ」はone of ___sではなくone ___ でも同義。Principal component analysis =「主成分分析」、feature extraction =「特徴抽出」。

**252** Melamine has many industrial uses, including the production of laminates, dinnerware, adhesives, molding compounds, coatings, and flame retardants.

have many industrial uses, including(〜などの工業用途がある)は定番表現。laminates =「積層板（複数形）」、dinnerware =「食器(不可算)」、adhesives =「接着剤（複数形）」、molding compounds =「成型複合材（複数形）」、coatings =「コーティング（複数形）」、flame retardants =「難燃剤（複数形）」。

**253** Linking all smart devices at home and controlling them through cloud-based artificial intelligence will enable an evermore convenient, comfortable everyday life.

Linking, controlling の動名詞主語＋動詞enable(〜を可能にする)で複雑な内容も明快に。If we link all smart devices at home and control them through cloud-based artificial intelligence, we can make our everyday life evermore convenient and comfortable. よりも簡潔。

**254** Our programmable cutting system enables extensive geometries to be cut, including straight, shaped, and other bevel profiles from 0 to 60 degrees.

enable の直後に動作対象の無生物(extensive geometries)を置き、to be cut で動作を表現。geometries =「形状」、bevel =「斜面」、profiles =「外形・形状」。

**255** Spatial coherence allows a laser beam to stay narrow over long distances, enabling applications such as laser pointers.

allow の直後にa laser beam(レーザー光)を置き、to stay narrow で動作を表現。「コヒーレンス」とは、波の持つ性質であり、位相の揃い具合、つまり干渉のしやすさ。

3-1
長文

**256** SNSでは、アイデアを**発信したり**、写真や**動画を共有したり**、**オンライ ン**またはオフラインでの**活動**やイベントを他の利用者に**知らせたり**すること ができる。

便利な動詞 allow を使い SVO で。

**257** これらの**アルゴリズム**により、**計算に要する**時間が**短縮され**、また高価な **機器**が**不要になる**。

無生物「アルゴリズム」を主語に、「より少ない時間を使う」と表現。平易な動詞 use と効果的な動詞 eliminate。

**258** **ポリマー**の例として、**ポリスチレン**などの**身近な合成樹脂**や、**生物の構造 と機能の基礎となるデオキシリボ核酸(DNA)**や**タンパク質**などの**生体高 分子**がある。

平易な SV の例示で長い和文を分かりやすく英訳。

---

**ワンポイント** 技術英語のボキャブラリーは 1600

　ボキャブラリー不足で英語を書くことが難しいという声を聞くことがあり ます。一体どれだけの単語を覚えればよいのか、また、どうやって覚えれば よいのか、という質問を受けます。

　技術英語に必要なボキャブラリーは、例えば本書に含めた種々の分野(電 子・電気・機械・化学・医学・環境エネルギー・数学・物理・IT・光学・自然科学・ ビジネス・その他技術一般)の英単語をすべて抜き出しても、1600 程度となり ます。内訳は、名詞 1000、動詞 300、形容詞 230、副詞 70 程度となりま す。これは、例えば他の一般的な英語試験で高得点を取るために必要とされ る英単語力である 8000～10000 単語と比べると、はるかに少ないです。ま た実際には、分野横断的ではなく、ある程度決まった分野のみを扱うことを 想定すると、必要な専門用語の名詞が半減し、実質的には 1000 語程度にて、 問題無く各種の技術文書を書くことができます。必要なボキャブラリーは、 英作を続けるうちにすぐに一巡し、「また出てきた」というように、同じ表 現がくり返されることに気づくでしょう。

　本書では、分野固有の専門用語および分野横断的に便利な用語に対応する

**Social** networking sites allow users to share ideas, photos, and videos, and to inform others about online or real-world activities and events with people in their network.

allow の直後に users(人)を置き、to の後に説明。「~したり、~したりできる」は to を 2 回くり返して明確性を増す。

 These algorithms use much less computing time and eliminate the need for expensive instrumentation.

同じ主語のまま動詞 eliminate で後半の情報を加える。With these algorithms, the computing time is shortened and expensive instrumentation becomes unnecessary. よりも簡潔。

 Polymers range from familiar synthetic plastics such as polystyrene to biopolymers such as deoxyribonucleic acid (DNA) and proteins that are fundamental to biological structures and functions.

平易な SV を作る動詞 range で例示。range from A to B =「A や B などがある」。可算・複数形の主語 Polymers で種類を表し、冒頭から伝えたい情報を出す。such as でさらに例示。plastics(合成樹脂)、proteins(タンパク質)は可算・不可算の両方がある。種類を表す可算・複数を選択。

---

日本語箇所に太字にして、英単語をどのくらい知っているかを確認できるように構成しています。例えば例文 251 では、「**機械学習**における**特徴抽出**に使用できる**統計手法**の 1 つに **PCA(主成分分析)**がある。」を英作するにあたり、「機械学習」= machine learning,「特徴抽出」= feature extraction,「統計手法」= statistical method,「PCA(主成分分析)」= principal component analysis (PCA) というボキャブラリーがスラスラと頭に浮かぶかどうかを確認することができます。また、巻末の英単語リストを使って、どの程度のボキャブラリーを知っているかを自己チェックできます。

　ボキャブラリーを増やす方法は、英単語を無理に覚えることではなく、使うことが大切です。多くの英文を作って実際に使うことです。また、多くの英文を読むことも訳に立ちます。使ったことがある、見たことがある、という単語が増えれば、ボキャブラリーは自然に身につきます。理系ではなく文系で技術英語のボキャブラリーに馴染みがないという方も、「stress = ストレス」ではなく「stress = 応力」と頭に浮かぶ日が必ず来ますので、各分野の英作を続けてください。

　シンプルな単文を主体としてきましたが、**必要に応じて複文も活用**します。単文とは主語と動詞が1セットであるのに対して、複文は主語と動詞が2セットあります。接続詞 when や if を使った複文では、メインの情報（主節）に対して条件を足すことができます。although や because, until といった接続詞も必要に応じて使います。複文構造では、主節の主語と従属節の主語が同じであれば、動詞を分詞に変えることで従属節の主語（および be 動詞）を削除できます。

| 259 | 皮膚がんは、未診断または未治療のまま放置されると極めて危険となることがある。 |
|---|---|

　主節「皮膚がんは、極めて危険となることがある」をまず英作し、「未診断または未治療のまま放置されると」の条件節（従属節）を加えます。

| Skin cancer can be extremely destructive if it is left undiagnosed or untreated. | 主節を作成<br>従属節を加える |
|---|---|

　主節の主語が後半の主語と同じであることを確認し、後半の主語と be 動詞を削除すれば完成です。

| Skin cancer can be extremely destructive **if** left undiagnosed or untreated. |
|---|

　複文構造は長くなりすぎないように注意して使います。これまでは if 節を避けて SVO 単文で簡潔に表現することを練習してきました（例：If water is released from the sprinkler, the fire alarm will be activated. よりも簡潔に → Water released from the sprinkler will activate the fire alarm. **015**）。複文構造は、条件節を目立たせたい場合や、「〜が〜を引き起こす」という因果関係の明示よりも「〜が〜である」という状況や現象を説明したい場合、または英文全体が長くて2つの部分に分けたほうが読みやすい場合に活用します。

### ▶ 複文構造で様々な意味を加える
　従属接続詞による複文を使って条件や理由などの情報を加えましょう。

| 従属接続詞 | 意味 | 特徴 |
|---|---|---|
| when | 〜の場合、〜の際に、〜のとき、〜すると、〜により | 条件を表す。when 節内の主語を工夫して使う |
| if | 〜の場合、〜すると | 起こり得る可能性が when よりも低い条件を表す。「望ましくない状況」にも多く使う |
| although | 〜ではあるが | 逆接を表す。主節を従属節よりも目立たせる |
| while | 〜の間に、〜の間 | 同時に進行する動作を表す。節内には基本的に動詞 ing を使う |
| because | 〜のために | 強い因果関係を表す。因果関係を目立たせたいときに使う |
| until | 〜まで（継続して〜する） | 行為の終了時点を表す。「〜までずっと〜する」を表す |

**もっと英作練習**

● when で情報を加える

メチル水銀を含有する魚を母親が食べると、子宮内の胎児がメチル水銀に暴露されることがある。

Babies in the womb can be exposed to methylmercury **when** their mothers eat fish containing methylmercury.

◆主語 Babies に視点をそろえて複文 when の主語を their mothers とする。

● if で情報を加える

セルロース系バイオ燃料は、セルロース、ヘミセルロース、リグニン等に由来する再生可能な燃料であって、正しく管理すれば、環境に恩恵をもたらす。

Cellulosic biofuels—renewable fuels derived from cellulose, hemicellulose, or lignin—can benefit the environment **if** managed correctly.

◆従属接続詞 if で条件を表す。後半に if 節を配置することで流れよく読ませる。主節と従属節の主語がそろう場合に従属節の主語（および be 動詞）を省略。省略前の文はCellulosic biofuels — renewable fuels derived from cellulose, hemicellulose, or lignin — can benefit the environment if they are managed correctly.

## ● although で逆説を表す

原子力発電所は稼働中に**温室効果ガス**を排出しないが、**原子力発電**には**採掘**、**抽出**、また**長期にわたる放射性廃棄物の貯蔵**が必要である。

**Although** nuclear power plants produce no greenhouse gases during operation, nuclear power generation requires mining, extraction, and long-term radioactive waste storage.

◆従属接続詞 although により文の前半と後半を分けて読ませる。文が伝える主なメッセージを主節に絞ることができる。

## ● because で因果関係を強く表す

**安全性**が未だわかって**いない**ため、**妊婦**や**授乳**中の女性はこの**サプリ（栄養補助食品）**を摂取すべきでない。

Pregnant or breastfeeding women should not use this supplement, **because** its safety remains unknown.

◆接続詞 because は強い因果関係を表す。因果関係を強調したいときに使う。なお、because の前にコンマを入れることで因眼関係を弱めて自然に表すこともできる。

## ● until で行為の終了点を表す

**燃料**が**蒸発する**までの間、**チャンバー**内で**圧縮**空気と**燃料**が混合される。

The pressurized air and fuel mix together in a chamber **until** the fuel vaporizes.

◆従属接続詞 until で「〜まで〜する」という行為の終了時点を表す。

2つの短い文を1つにまとめて書くことで、**読み手に情報を早く届け**ます。**等位接続詞** and や but でつないだり、**関係代名詞**でつないだりできます。また、**to 不定詞や分詞、前置詞句**で文の一部や文全体に**情報を足す**ことができます。

---

**268** この原子核時計は、現行の原子時計よりも高性能で、基礎物理学および応用物理学の両分野で利用されている。

---

### ▶ 主語をそろえて視点を定める

主語「この原子核時計」に視点を置いて、「この原子核時計は、現行の原子時計よりも高性能である」「この原子核時計は基礎物理学および応用物理学の両分野で利用されている。」を英作します。

> This nuclear clock can outperform existing atomic timekeepers. It has applications in both fundamental and applied physics.

等位接続詞（文と文や単語と単語の関係が等価なもの同士をつなぐ）を使ってつなぎます。その際、重複した後半の主語を省けます。

> This nuclear clock can outperform existing atomic timekeepers <u>and</u> have applications in both fundamental and applied physics.

視点をそろえた上で、等位接続詞で文をつなぐと代名詞 it の登場を減らせます。代名詞は読み手に不親切なので、同じ文中に指示先がない場合には使用を控えます。

---

**275** ウエハを作製する際には、シリコンを精製し、溶融し、冷却することでインゴットを成形する。そのインゴットをスライスしてウエハと呼ばれる円盤が作られる。

---

### ▶ 部分ごとに英作してつなげる

to 不定詞、関係代名詞、分詞の文法事項を使って情報を足せるように読み替えて英作します。

| ウエハを作製する際には | To produce wafers, |
| シリコンを精製し、溶融し、冷却して | silicon is purified, melted, and cooled |
| インゴットを成形する。 | to form <u>an ingot</u>. |
| そのインゴットをスライスして、 | <u>The ingot</u> is then sliced |
| ウエハと呼ばれる円盤が作られる | into discs, which are called wafers. |

\*前置詞 into (=「中」の in + 到達の to)で「〜になる」を表す。

> To produce wafers, silicon is purified, melted, and cooled to form <u>an ingot</u>. <u>The ingot</u> is then sliced into discs, <u>which are called</u> wafers.

　関連箇所をさらに関係代名詞でつなぎ、また、関係代名詞 which are called を分詞に変えて簡潔に表します。

> **To produce** wafers, silicon is purified, melted, and cooled **to form** an ingot**, which is** then sliced into discs **called** wafers.

## ▶ 徐々に文を長くする文法事項の活用

| 情報追加に使う文法 | 活用ポイント |
|---|---|
| 等位接続詞<br>and と but | ・1文目と2文目の主語がそろっている場合には2文目の主語を省略してつなぐ<br>・2文目の主語を省略してつないだ場合、and/but の前のコンマは不要(全体が長い、時制が変わるなどの理由で読みづらくなる場合にはコンマを残すことも可能)<br>・主語がそろわない場合にも and と but でつなげる。間にコンマを残す |
| 関係代名詞非限定<br>..., which | ・名詞を説明する<br>・文中に挿入すると因果関係を表す<br>・文の後半で前の名詞を説明する文を足す<br>・文中のメイン部分とサブ部分が明快 |
| to 不定詞 | ・これから起こること、つまり前の部分の結果生じることを足す。起こることが望ましい内容に使う(p. 102 参照) |
| 分詞 | 文末に情報を足す。to 不定詞が使えないときにも便利 |
| 前置詞句 | 条件を前置詞句で文頭・文中に置く |

### ●等位接続詞でつなぐ

**蛍光灯**と**冷陰極蛍光灯**は構造が似ているが、**放電**の方法が異なる。

Fluorescent lamps and cold cathode fluorescent lamps have similar constructions **but** use different types of electron discharge.

◆等位接続詞 but の前のコンマ不要。

**ソーラーパネル**により**再生可能エネルギー**が**生成できる**が、パネル自体の製造には**水酸化ナトリウム**や**フッ化水素酸**などの**有害になりえる化学物質**を**使用する**。

Solar panels can produce renewable energy**,** **but** fabricating the panels uses potentially harmful chemicals such as sodium hydroxide and hydrofluoric acid.

◆主語が変わるので等位接続詞 but の前にコンマを入れる。

### ●関係代名詞非限定でつなぐ

**本工程**では、**光硬化性シリカナノコンポジット**を 3D 印刷し、**熱処理**によって**溶融シリカガラス**に**変化させる**。

This process uses a photocurable silica nanocomposite**,** **which** is 3D printed and converted to fused silica glass through heat treatment.

**3-3**
文の接続

### ●前置詞句・文末分詞を活用する

極低温にすると、多くの**金属、合金、金属間化合物**は**超伝導体**になり、**電気抵抗**を無くす。

**At** extremely low temperatures, many metals, alloys, and intermetallic compounds become superconductors, **losing** all resistance to electrical current.

**259** **皮膚がん**は、**未診断**または**未治療**のまま放置されると**極めて危険**となることがある。

従属接続詞 if で条件を表す。if の仮定は when よりも起こり得る可能性が低いため、好ましくない状況を表す文脈にも多く使う。

**260** **超伝導**は、各電子が**対を組んでクーパー対を形成し**、**位相**がそろった**コヒーレンス**な**巨視的量子状態**へと**凝縮**した際に**生じる**現象である。

従属接続詞 when で「～したときに～する」という条件を表す。自動詞 SV の主節と when 節の組み合わせで「～する際に～が生じる」と描写。

**261** 同じ**媒体**を**進む**２つの波が**ぶつかり合う**ことで**波の干渉**が**起こる**。

従属接続詞 when で「～したときに～する」として条件を表す。自動詞 SV の主節と when 節の組み合わせで「～する際に～が生じる」と描写。

**262** **OS** が**不正に**停止すると、**エラー**メッセージが**画面**に**表示される**。

文頭に従属接続詞 when を使った節を置く。先に読ませたい情報は文頭に。

**263** **アンペア**は、**真空**中に１ｍの間隔で平行に置いた**無限に**長い２本の**導線**に**流れる電流**が１ｍの**導線**につき 1000 万分の２**ニュートン**の**力**を及ぼしあうときの**電流**と定義される。

従属接続詞 when で「～するときの～」と定義を加える。「1000 万分の２ニュートン」は「1000 万分の」にマイナスのべき乗を使い、$2×10^7$ とする。

**264** **携帯**機器を**特定の期間使用していなかった**場合には、ユーザーは再度**パスワード**の**入力**を**求められる**。

従属接続詞 if で条件を表す。when と比較すると、条件節の内容が起こる可能性が低い。

**265** **半導体チップ**は**平板に見える**が、**３次元**構造であり、**複雑な回路層**を 20～30 層も**含んでいる**ことがある。

従属接続詞 although で逆接を表す。従属接続詞を使って１文目をサブ情報、２文目をメイン情報とすれば情報が取り出しやすい。

ルール26 短文をつなぐことで1文1メインアイデアに絞る（主語がそろえば等位接続詞 and/but か従属接続詞 although, because などでつなぐ、関係代名詞でサブ情報とする、コンマでサブ情報を挿入する）
ルール27 文内・複数文の主語をそろえて視点を定める
ルール30 because を多用せずに因果関係を表す（and でつなぐ、関係代名詞非限定で主語を説明する）

**259** Skin cancer can be extremely destructive if left undiagnosed or untreated.

主節と従属節の主語がそろう場合に従属節の主語（と be 動詞）を省略。省略前は Skin cancer can be extremely destructive if it is left undiagnosed or untreated.
後半に if 節を配置し流れよく読ませる。Skin cancer =「皮膚がん」、destructive =「破壊的な」、undiagnosed =「診断未確定の」、untreated =「治療していない」。

**260** Superconductivity emerges when electrons pair up to form Cooper pairs and establish phase coherence to condense into the macroscopic quantum state.

Superconductivity =「超伝導」、electrons =「電子」、phase =「位相」、macroscopic =「巨視的な」。

**261** Wave interference occurs when two waves meet while traveling through the same medium.

occur =「生じる」。従属接続詞 while で「～している間」。while the two waves are traveling ... の主語と be 動詞を省略。meet（出合う、～と出合う）は自他両用。ここで自動詞。

**262** When the operating system stops unexpectedly, an error message appears on the screen.

An error message appears on the screen when the operating system stops unexpectedly.（後ろに when 節）や Unexpected stop of the operating system displays an error message on the screen.（無生物主語の SVO）が読み手の負担が大きい場合に前に When 節を。自動詞 appear =「現れる、表示される」。副詞 unexpectedly =「予期せずに」。

**263** One ampere is the current that produces, when flowing through two infinitely long wires one meter apart in a vacuum, a force of 2 × 10⁻⁷ newtons per meter of wire.

One ampere is the current that produces, when the current is flowing through two infinitely long wires one meter apart in a vacuum, a force of $2 \times 10^{-7}$ newtons per meter of wire. から when 節の the current is を省略。when 節の位置は One ampere is the current that produces a force of $2 \times 10^{-7}$ newtons per meter of wire when flowing through two infinitely long wires one meter apart in a vacuum. が元となる。「2本の導線」の情報を「1 mの導線につき」よりも早く出したい都合で文中に挿入。1000万分の2ニュートンは $2 \times 10^{-7}$ newtons。

**264** If the mobile device is unused for the specified period of time, the user will be prompted to enter the password again.

unused =「使用されていない」。

**265** Although semiconductor chips appear flat, they are three-dimensional and may include as many as 20 to 30 layers of complex circuitry.

Semiconductor chips appear flat. They are three-dimensional and may include as many as 20 to 30 layers of complex circuitry. という逆接の2つの文を接続詞 Although でつなぐ。circuitry =「回路」（不可算）。

3-2
複文構造

**266** 氷は水よりも**密度**が低いので、水に**浮く**。

接続詞 because で理由を。because は強い因果関係を表し、文の後半に置くことが多い。

**267** この**溶液**は**沈殿物**が**生成する**まで**繰り返し**使用できる。

従属接続詞 until で「〜まで〜する」と行為の到達点を示す。

**268** この**原子核時計**は、**現行の原子時計**よりも**高性能**で、**基礎物理学**および**応用物理学**の両分野で**利用**されている。

2 つの文の主語をそろえ、等位接続詞 and でつないで短く表現。

**269** **エアロゾル**と呼ばれる**微小粒子**が大気中に**浮遊する**ことで、**地表に届く太陽光量**が**変わる**。

主語が同じ 2 つの文を等位接続詞 and でつなぐ。因果関係「〜することで、〜する」を単に and で接続可。2 文目の主語はくり返さない。

**270** **哺乳類**の**生存**には**親**の世話が**欠かせない**が、その**進化**の**根底にあるメカニズム**は未だ**分かっていない**。

逆接の等位接続詞 but でつなぐ。主語が異なる 2 つの文はコンマを入れてつなぐ。

**271** **ダイオード**は、**電流を一方向のみに流す性質**を持ち、**現代電子工学**を**発展させてきた**。

関係代名詞非限定(, which)で主語を付加的に説明。

**272** **生ごみ**は、**腐敗しやすく悪臭の原因となる**ため**速やかに収集すべき**である。

関係代名詞非限定(, which)で主語を説明し、因果関係をやわらかく表す。

**273** **一酸化炭素**が高濃度であったり、**長時間一酸化炭素**にさらされたりすると、人は**呼吸困難**に陥ることがあり、意識を**失ったり**、脳の**損傷**や**死亡の原因となる**可能性がある。

前置詞句で条件を表す。「一酸化炭素が高濃度であったり、長時間一酸化炭素にさらされると」を簡潔に表現。文末に分詞を使う。

**Ice floats on water because it is less dense than water.**

Ice is less dense than water and floats on water. と類似。理由を強調する場合に because を使う。代名詞 it は同じ文中に指示先があるので許容。

 **This solution can be used repeatedly until precipitates form.**

solution =「溶液」、precipitates =「沈殿物」、form(形成する・〜を形成する)は自他両用。自動詞で使い受け身を避ける。

 **This nuclear clock can outperform existing atomic timekeepers and have applications in both fundamental and applied physics.**

This nuclear clock can outperform existing atomic timekeepers. It has applications in both fundamental and applied physics. を and でつなぐ。2文目の主語をくり返さないため代名詞 it が避けられる。

 **Microscopic particles called aerosols remain suspended in the air and change the amount of sunlight that reaches the earth's surface.**

Microscopic particles called aerosols remain suspended in the air. The particles change the amount of sunlight that reaches the earth's surface. を and でつなぐ。

 **Parental care is essential for the survival of mammals, but the mechanism underlying its evolution remains unknown.**

逆接は等位接続詞 but のほかに従属接続詞 Although も可能。Although parental care is essential for the survival of mammals, the mechanism underlying its evolution remains unknown. も可(複文構造 p. 134)。

 **Diodes, which allow electricity to flow in one direction, have advanced the development of modern electronics.**

関係代名詞非限定は文中の情報の重さの整えに便利。等位接続詞 and でつなぐ Diodes allow electricity to flow in one direction and have advanced the development of modern electronics. では主要な情報がどこにあるか読み取りづらい。

 **Raw garbage, which easily becomes rotten and produces unpleasant odors, must be collected promptly.**

関係代名詞を使う。because を使った Raw garbage needs to be collected promptly because it is easily becomes rotten and produces unpleasant odors. の複文構造を避けられる。

 **At high levels or during continued exposure, carbon monoxide (CO) can cause suffocation, possibly causing loss of consciousness, brain damage, or death.**

条件下 at と「〜の間」during の前置詞句を文頭に置き、条件「〜であった場合に」を表す。英文では「人」を出さずに表現。

3-2
3-3

**274** 1個の炭素には**価電子**と呼ばれる4本の手があり、これらすべてが**水素**と**結びつく**と**メタン**になる。

分詞、関係代名詞、to不定詞を組み合わせて文を徐々に長くする。

**275** **ウエハを作製する**際には、**シリコンを精製し、溶融し、冷却する**ことで**インゴットを成形する**。その**インゴットをスライスしてウエハ**と呼ばれる円盤が作られる。

to不定詞、関係代名詞、分詞の文法事項を駆使して情報を足す。

**276** **化石燃料の燃焼**によって多量の**温室効果ガス**が**生成される**。生成された温室効果ガスが数十年から数百年間、**大気**中に**残り**、自然界の温室効果が**増強される**。

関係代名詞非限定(, which)と等位接続詞andで説明を追加。

**277** **過度な騒音**があると、耳の**神経**が**損傷を受けて一時的**または**永久的な難聴**を**起こす**可能性がある。

「過度な騒音」を主語に無生物主語で組み立てる。文法事項を組み合わせて情報を追加。

**278** **誘電体層をシリコン基板に蒸着し**、続いて**昇温**と**光の照射**を行った。

「誘電体層をシリコン基板に蒸着し」を英作し「続いて昇温と光の照射を行った」を足す。

**279** **携帯電話**は**低電力の無線周波数(RF)送信機**であり、450～2700 MHzの**周波数で動作し**、ピーク電力は0.1～2 **ワット**である。

「携帯電話は低電力の無線周波数(RF)送信機であり」を英作し「450～2700 MHzの周波数で動作し」を足す。

**274** One carbon atom has four hands called valence electrons, all of which combine with hydrogen atoms to form a methane molecule.

分詞 called で hands を説明、関係代名詞非限定 all of which で valence electrons を説明、to 不定詞 to form は combine with hydrogen atoms までの動作の後に起こることを説明。「1 個の炭素 」は One carbon atom（1 個の炭素原子）、「メタン」は厳密には a methane molecule（メタン分子）。

**275** To produce wafers, silicon is purified, melted, and cooled to form an ingot, which is then sliced into discs called wafers.

文頭 to 不定詞で目的を表し、次に silicon を主語に。to form an ingot で「その結果インゴットが作製される」、その ingot に関係代名詞非限定（コンマあり）の説明を追加。分詞 called で discs に説明を追加。

**276** Fossil fuel combustion produces large amounts of greenhouse gases, which remain in the atmosphere for decades to centuries and intensify the natural greenhouse effect.

関係代名詞 which の係り先は直前の greenhouse gases。「温室効果が増強される」は望ましくない内容のため to 不定詞を避け等位接続詞 and でつなぐ（p. 138）。

**277** Excessive noise can damage the nerves in the ear, causing temporary or permanent hearing impairment.

文末に「コンマ + causing ...」を置く文末分詞を。「起こす可能性がある」は助動詞で。

**278** Dielectric layers were deposited on the silicon substrates, followed by exposure of the layers to elevated temperatures and illumination.

文末に置く分詞は、通常能動的な意味を表す現在分詞（... ing）が多いが、followed by =「続いて～する」は過去分詞を許容。This is followed by .... と同義。主語をそろえて and でつなぐのも可。つまり Dielectric layers were deposited on the silicon substrates, and then exposed to elevated temperatures and illumination. も可。

**279** Mobile phones are low-powered radiofrequency (RF) transmitters, operating at frequencies between 450 and 2700 MHz with peak powers in the range of 0.1 to 2 watts.

文末分詞「コンマ + operating...」に「ピーク電力は 0.1～2 ワットである」を前置詞 with で加え、主語 Mobile phones をさらに説明。

　２つの異なる情報を対比する方法がいくつかあります。基本は**パラレルに形を
そろえる**ことです。形がそろっていれば、単に２文を並べることや、それらを**等
位接続詞 and** でつなぐことで、**対比**を表せます。また、**従属接続詞 whereas** で
２文をつないで対比させる、２文目を独立させて文頭に **In contrast** を置く、セ
ミコロンで関連付けて表す、などの方法があります。また、対比する情報のうち
一方を「〜とは異なる」という**前置詞 unlike** を使った句にすることで**対比**できます。

---

| 280 | 放射線源には自然のものもあれば、人工的なものもある。 |
| --- | --- |

## ▶ 形をそろえる

　「〜のものもあれば、〜のものもある」は Some ... と other ... で表せます。「い
くつかの放射線源は自然であり、他の源は人工的である」を英作します。

> Some sources of radiation are natural. Other sources are man-made.

　等位接続詞 and でつなぎます。主語が変わるのでコンマを残します。

> Some sources of radiation are natural, **and** other sources are man-made.

　等位接続詞 and に変わって従属接続詞 whereas でつなぐこともできます。

> Some sources of radiation are natural, whereas other sources are man-made.

## ▶ 徐々に文を長くする

　対比の文を練習します。**もっと英作練習**

### ● ２文を独立して並べる／In contrast を入れてもよい

**往復動機関**では、**ピストン**が素早く 180 度の**方向転換**をする。一方、**ロータ
リーエンジン**では、すべての部品が**連続的**に一方向に**回転する**。そのため構造
が**シンプル**で、動きが滑らか、小型で、**毎分回転数**が高い。
A reciprocating engine has pistons rapidly changing directions 180
degrees. **In contrast,** a rotary engine has all parts continuously rotating in
one direction, thus offering structural simplicity, smoothness, compactness,
and high revolutions per minute.

◆対比させたい２文が長い場合には各文を独立させる。できるだけ形をそろえる。２文目の文頭に In contrast を置いてもよい。

## ●形をそろえて等位接続詞で対比

通常、非金属鉱物は密度が低く、金属鉱物は密度が高い。

Typically, non-metallic minerals have low densities, **and** metallic minerals have high densities.

◆２文を独立させた Non-metallic minerals have low densities. Metallic minerals have high densities. も分かりやすいが、「通常」を２文ともに係るようにしたいために and でつなぐ。

## ● whereas で対比

ワーキングメモリにおける情報は能動的に処理されるが、短期記憶は受動的に情報を記憶する。

Information in working memory can be actively manipulated, **whereas** short-term memory passively stores information.

◆「ワーキングメモリ」と「短期記憶」を対比させる。主語が working memory と short-term memory に精密にそろわない場合にも、接続詞 whereas で対比を強調できる。

## ●セミコロンで関連付ける

かつての**液晶(LCD)**テレビはバックライトに**冷陰極蛍光管**を採用していた。一方、その後の **LED** を**バックライト**とした液晶テレビでは、より小型で高効率の **LED** を並べた光源により**画面**を照らしている。

Older liquid crystal display (LCD) televisions used cold cathode fluorescent lamps (CCFLs) to provide backlighting; LED-backlit LCD televisions use an array of smaller, more efficient light-emitting diodes (LEDs) to illuminate the screen.

◆対比させる２文をセミコロンでつなぐことも可能。

## ●前置詞 unlike で対比

他の**医療用画像化**技術とは異なり、**内視鏡**は直接臓器や**体腔**に**挿入**する。

**Unlike** other medical imaging techniques, endoscopes are inserted directly into organs or body cavities.

◆前置詞 unlike も便利。

化石燃料を燃やして二酸化炭素を生成する火力発電所とは異なり、原子力発電所は空気汚染がはるかに少なく、稼働中に二酸化炭素を生成することもない。

**Unlike** thermal power plants that burn fossil fuels and produce carbon dioxide, nuclear power plants produce far less air pollution and produce no carbon dioxide while operating.

◆ Unlike の後ろの名詞に修飾（関係代名詞限定など）を続けて情報を足すことも可能。

## ▶ 対比「〜に対して〜」「一方」を表す方法

| 方法 | 特徴 |
|---|---|
| 2 文を独立して並べる In contrast を 2 文目の文頭に置いてもよい | 2 文の形をそろえることが大切 |
| 等位接続詞 and/but で 2 文をつなぐ | 2 文の主語をそろえて 2 文目の重複主語を省略する 主語がそろわなければ and の前にコンマを入れる |
| 従属接続詞 whereas で 2 文をつないで対比 | whereas でつないで対比させる。while は使用を控える |
| セミコロンで関連付ける | 関連する 2 文を 1 文目のピリオドに代えてゆるくつなぐ役割のセミコロンでつなぐ |
| 「〜とは異なる」を表す前置詞 unlike で対比する | unlike の後ろは名詞。その名詞に関係代名詞などで説明を加えてもよい |

1つの文が長く書けるようになったら、次は**複数文を練習**します。各文は、**読み手が知っている情報を前に置く**ように心がけます。**主語をそろえたり、前の文の内容を次の文の主語に使ったりする**ことで可能になります。あとはStage 1, Stage 2で練習した英作のコツを使って、複雑な内容であっても、落ち着いて書き進めましょう。

> **289** AIとは、コンピューターに知的行動を行わせるコンピューターサイエンスの領域のことであり、機械学習、ニューラルネットワーク、自然言語処理がある。

## ▶ 主語をそろえる

2文に区切って並べます。主語は AI = artificial intelligence にそろえます。

1文目：AIとは、コンピューターに知的行動を行わせるコンピューターサイエンスの領域のこと
2文目：AIには、機械学習、ニューラルネットワーク、自然言語処理がある。

**Artificial intelligence** is the branch of computer science to create intelligent behavior in computers. **Artificial intelligence includes** machine learning, neural networks, and natural language processing.

> **293** セラミックスは通常、金属と比較して熱膨張係数が相当に低い。したがって、セラミックスと金属の接合部分に応力が生じて機械特性が低下する。

## ▶ 前の文の内容を次の文の主語にする

1文目の主語はセラミックス、2文目の主語には既出の情報を使います。「したがって」→「この熱膨張係数の不一致は」と組み立て直します。

> Ceramics typically have much lower thermal expansion coefficients than metals. **This thermal expansion mismatch** generates stress in the ceramic-metal joint, degrading the mechanical properties of the joint.

## ● 主語の選択で複数文のつながりを強化する　もっと英作練習

　複数文を並べるとき、2文目以降の主語には読み手が知っている情報を使います。読み手が知っている情報を使う2つの方法があります。

---

① 主語をそろえる
② 前の文で使った内容を次の文の主語に使う

---

### ●主語をそろえる

**一酸化炭素**は、**サイレント**キラーと呼ばれる。**無色・無臭・無味**の気体で、**一般的な燃焼機器**の多くで発生する。
Carbon monoxide is called a silent killer. **This colorless, odorless, and tasteless gas** can be found in many common fuel-burning appliances.

◆2文目の主語を This で特定。

**半導体基板**上の**誘電体**の**薄膜形成**には種々の方法がある。例えば、**化学蒸着**や原子層堆積などがある。
Various methods have been developed for forming thin films of dielectric materials on semiconductor substrates. **Examples of such methods** include chemical vapor deposition and atomic layer deposition.

◆2文目の主語に such methods を使うことでつながりを強める。

**クローン技術**とは、同じ**遺伝情報**を持つ**細胞**や**生体**のコピーを作り出す技術であり、**人為的**に選んだ**遺伝的特徴**を持つ動物の**大量生産**の可能性を秘めている。そこで、**クローン技術**は、食料分野や**医療**分野などに**応用**できる**可能性**がある。
Cloning, which produces genetically identical copies of cells or organisms, may enable mass production of animals with artificially selected genetic characteristics. **Cloning** can have many potential applications in food and medicine.

◆1文目と2文目の主語をそろえることで、例えば Therefore, cloning can have ... など
の接続の言葉を控えて文と文を内容で接続する。

## ●前の文で使った内容を次の文の主語に使う

水銀は、毒性の高い重金属であるが、主に**体温計**や**血圧計**などの多くの**医療**機
器に使われてきた。ところが、これらの機器は**定期的に故障したり漏れたり**す
るため、**医療従事者**が水銀の影響を**受ける**ことがあった。

Mercury, which is a highly toxic heavy metal, has been an integral part of
many medical devices, mostly thermometers and sphygmomanometers.
**These devices** will break or leak regularly, exposing health care personnel
to the effects of the metal.

◆和文に入りがちな「ところが」などは不要な場合も多い。1文目の終わりに使った
thermometers and sphygmomanometers を2文目の主語 These devices で使うこと
で文と文を内容で接続する。

現代の**産業用ロボット**の多くがサーボ制御を利用している。サーボ制御による
ロボットは、**軸**や関連**部品**を継続的に**監視するセンサー**を使って位置および**速
度情報**を得ることで、制御される。**フィードバック情報**をロボットの記憶装置
に事前設定されている**情報**と比較し、**所望の位置および速度**となるようロボッ
トを**制御する**。

Many modern industrial robots are servo controlled. **Servo-controlled
robots** are controlled with sensors that continually monitor the robot's
axes and associated components for position and velocity information.
**This feedback information** is compared with pretaught information
stored in the robot's memory and is used to achieve the desired position
and velocity of the robot.

◆2文目の主語は1文目の終わりに使った情報から引き継ぐ。3文目の主語は「位置およ
び速度情報を」を「フィードバック情報」に置き換えた This feedback information と
することでつながりを強める。

| 誤記・不明瞭 | ✓ 文法誤記・表記の誤り・不明瞭をなくす |

**ルール 17** 同じ文中に指示先がない代名詞 it と they はやめる

**ルール 25** コロン(:)とセミコロン(;)を使い分ける(コロン(:)は詳細を説明する。コロンの前で文が独立する。セミコロン(;)は 2 文をつなぐ、コンマで列挙すると不明確になるときにコンマの代わりに使う)

| つながり | ✓ 文内・文と文のつながりを強化する |

**ルール 26** 短文をつなぐことで 1 文 1 メインアイデアに絞る(主語がそろえば等位接続詞 and/but か従属接続詞

**280** **放射線源**には**自然の**ものもあれば、**人工的な**ものもある。

等位接続詞 and で文をつなぐ。「〜のものもあれば、〜のものもある」を Some ... と other ... で表す。

**281** **人工ニューラルネットワーク**には、**学習に教師が**必要なものと、**独立して動作する**ことが可能なものがある。

対比を表す接続詞 whereas で形のそろった 2 つの文をつなぐ。

**282** 薬の「**効力(efficacy)**」とは、薬がある**結果**を出す**能力**であり、「**有効性(effectiveness)**」とは、実際の使用で**目的の**効果を生じる**能力**である。

接続詞 whereas で、対比させたい 2 つの文をつなぐ。

**283** 健康な肺は弾力性があり、呼吸をすると肺が**拡張する**。一方、肺気腫のような**病気**があると、**肺の弾力性**が**失われてしまう**。

対比したい 2 つの文が接続詞 whereas でつなぐには長い場合、2 文を区切ったままとする。

**284** **核反応**は原子核が変化する。一方、**化学反応**では、**電子**を**失ったり、得たり**、共有したりする。

セミコロンで 2 つの関連する文をつなぐ。

**285** **VR(仮想現実)**は**完全な人工環境**を作り出し、**現実世界**を**見えにくくする**。**AR(拡張現実)**は、現実の**環境**を使い、**現実の世界にデジタル情報**を**重ね合わせる**。

セミコロンで 2 つの関連する文をつなぐ。セミコロンに代えて接続詞 whereas も可。

although, because などでつなぐ、関係代名詞でサブ情報とする、コンマでサブ情報を挿入する)
ルール27 文内・複数文の主語をそろえて視点を定める
ルール28 既出の情報・読み手が知っている情報を主語に使う
ルール29 接続の言葉 Therefore 他を控えて内容で文をつなぐ
ルール30 because を多用せずに因果関係を表す(and でつなぐ、関係代名詞非限定で主語を説明する)

**280** Some sources of radiation are natural, and other sources are man-made.

主語が異なる2つの文は、コンマを入れて and でつなぐ。

**281** Some artificial neural networks require learning to be supervised, whereas other networks operate independently.

Some artificial neural networks require learning to be supervised. と Other networks operate independently. を whereas でつなぐ。supervised (learning) =「教師あり(学習)」。

**282** Efficacy is the capacity of a drug to produce an effect, whereas effectiveness is the capacity to produce a desired result in real-world use.

efficacy =「効力」と effectiveness =「有効性」を並列に定義。Efficacy is the capacity of a drug to produce an effect. Effectiveness is the capacity to produce a desired result in real-world use. の2文の表現をそろえる。

**283** Healthy lungs are elastic and can expand when you breathe. In contrast, a disease like emphysema causes the lungs to lose their elasticity.

「一方」を In contrast, で表す。On the other hand, よりも語数が少なく、論理的にも適切。

**284** Nuclear reactions involve changes in the nucleus; chemical reactions involve the loss, gain, and sharing of electrons.

nuclear reactions =「核反応」と chemical reactions =「化学反応」を対比して定義。Nuclear reactions involve changes in the nucleus. Chemical reactions involve the loss, gain, and sharing of electrons. の2文は表現をそろえると効果的。

**285** Virtual reality (VR) creates a totally artificial environment and obscures the real world; augmented reality (AR) uses the existing environment and overlays digital information on top of the real world.

virtual reality (VR) =「VR(仮想現実)」と augmented reality (AR) =「AR(拡張現実)」を対比して定義。whereas でつなぐ場合は Virtual reality (VR) creates a totally artificial environment and obscures the real world, whereas augmented reality (AR) uses the existing environment and overlays digital information on top of the real world. となる。

3-4
対比を表す

**286** 非量子（従来型）**コンピューター**は、1と0のいずれかの値をとる**ビット**と呼ばれる**二進数**を使って**計算を行う**。一方、**量子コンピューター**は、一度に1と0をとることができるキュービットと呼ばれる**量子ビット**を使って**計算する**ため、2つの**計算**を**同時に**行うことができる。

2つの文を並列に並べて対比。

**287** 薬剤製造のための**固体粒子**の**合成**においては、**バッチ工程**が**現在の**主流である。しかし**バッチ工程**では、各バッチの**品質**に**ばらつき**が生じ、**生産効率の低さ**と**高稼働コスト**が問題となっている。したがって、近年では**連続工程**が**求められている**。

長い一文はまず解体して英作し、つなぐ。unlike による前置詞句で対比。

**288** **分散型エネルギー**は、**分散型電源（DER）**と呼ばれる小規模な**系統連携装置**により**生成され蓄積されるエネルギー**のことである。**従来の原子力発電所**、**火力発電所**、**水力発電ダム**、**大規模太陽光発電所**などの**集中型の**システムでは、各家庭やオフィス等への長距離の送電が**必要となる**。これに対して、**分散型電源**は、**分散型**、**モジュール式**で柔軟性が高く、**負荷**の近くに配置される。

複数和文も落ちついて丁寧に訳す。「分散型エネルギー」と従来の「集中型システム」を対比。

**289** **AI**とは、コンピューターに**知的行動を行わせる**コンピューターサイエンスの**領域**のことであり、**機械学習**、**ニューラルネットワーク**、**自然言語処理**がある。

和文を2文に区切って表す。AIに視点をそろえ、1文目も2文目も主語を Artificial intelligence に。技術説明：「AI」とは「機械学習」「ニューラルネットワーク（機械学習の発展版である「ディープラーニング」を可能にする）」「自然言語処理」を内包する。

**290** **銀**は美しい**金属光沢**を**有している**ため、**自動車**の**内装部品**や**外装部品**、自転車、**携帯電話**、化粧品容器などの**仕上げ**に**銀膜**の利用が検討できる。

和文を2文に区切る。間に「～のため」を表すつなぎ言葉（例：Therefore）不要。「銀（silver）」に視点をそろえる。

**286** Non-quantum (Classical) computers calculate using binary digits called bits, which can be either 1 or 0. Quantum computers calculate using quantum bits called qubits, which can be both 1 and 0 simultaneously, enabling two calculations to be performed at once.

Non-quantum (Classical) computers と Quantum computers を同様の表現で対比。各文で関係代名詞非限定の説明を文末に追加。2文目はさらに文末分詞を使って情報を足す。

**287** Producing pharmaceuticals now requires continuous processes for synthesizing solid particles, unlike currently used batch processes that involve variations in the quality of each batch and have low production efficiency and high operating costs.

Producing pharmaceuticals currently uses batch processes for synthesizing solid particles. However, batch processes involve variations in the quality of each batch, and also can have low production efficiency and high operating costs. The production now requires continuous processes. の接続できるところがないか検討。continuous processes と batch processes を前置詞 unlike で対比。

**288** Distributed energy, or decentralized energy, is generated and stored by small, grid-connected devices called distributed energy resources (DERs). Whereas conventional nuclear power plants and thermal power plants, as well as hydroelectric dams and large-scale solar power stations, are centralized and require electricity to be transmitted to homes and offices over long distances, DER systems are decentralized, modular, and more flexible, and are located close to their loads.

文法事項を活用して長文も丁寧に訳す。

**289** Artificial intelligence is the branch of computer science to create intelligent behavior in computers. Artificial intelligence includes machine learning, neural networks, and natural language processing.

includes で各名詞を例示。

**290** Silver has fine metallic luster. Silver films are expected to finish various items including automobile interior or exterior parts, bicycles, mobile phones, and cosmetic containers.

including で各名詞を例示。列挙する名詞はそれぞれ複数形。finish =「仕上げをする」。

3-4
3-5

**291** 魚を**検知する**ための**ソナーシステム**もある。このシステムでは、**音波を発し、水中の物体**からの**反響**が戻る時間を**測定し**、**物体**までの**距離を計算する**。

1 文目と 2 文目の主語をそろえる。

**292** **大手インターネット通販**会社は、**倉庫で商品を取り出し梱包する工程を自動化した**。その結果、時間と**労力**が**節約でき**、顧客への**素早い配達**が**可能になった**。

1 文目の内容を表す This を 2 文目の主語に。

**293** **セラミックス**は**通常**、**金属**と比較して**熱膨張係数**が相当に低い。したがって、**セラミックスと金属の接合部分**に**応力**が生じて**機械特性**が**低下する**。

1 文目の主語は Ceramics、2 文目は「したがって、」の代わりに 1 文目の後半の内容をまとめた「セラミックスと金属の熱膨張係数の**違い**」を主語に。

**294** **燃料電池**では、**燃焼**過程なしに**水素を酸素**と**反応させる**。そこで**生じた反応エネルギーを利用して電気を生成し、電気モーターを駆動する**。

1 文目の後半に出た情報を 2 文目の主語とし、定冠詞 the を使用してつながりを示す。

**295** **一酸化炭素**は体が**酸素を摂取する**ことを**妨げる**。**一酸化炭素中毒**の症状には、**頭痛**、**めまい**、**吐き気**、**脱力感**、**息切れ**、**胸苦しさ**、**眠気**、**肌の赤み**、**錯乱**などがあげられる。

話題の CO に視点をそろえて情報を展開。各文は SVO で明快に。

**296** **放射線**は**エネルギー**であり、**放射性崩壊**を起こした**不安定な原子**から発せられるか、または**機械**で**生成する**こともできる。放射線源から発せられた**放射線**は、エネルギー波または**励起粒子**として**移動する**。

関係代名詞非限定、関係代名詞限定を使って文に説明を追加。視点を Radiation ＝「放射線」にそろえる。

**291** Sonar systems may be designed to locate fish. These systems transmit sound waves, measure the time taken by echoes to bounce off underwater objects and return, and calculate the distance to the objects.

2 文目の主語は These で前の主語を受ける。Sonar systems を指す代名詞 They を使うよりも、These systems が具体的で明確。locate =「位置を特定する」。

**292** The major online shopping company has automated their picking and packing process in the warehouses. This has saved much time and effort and enabled timely deliveries to customers.

受け身の As a result of this, much time and effort have been saved and timely deliveries to customers have been enabled. を避ける。This has saved の代わりに前の文の終わりに文末分詞を加えてもよい。The major online shopping company has automated their picking and packing process in the warehouses, saving much time and effort and enabling timely deliveries to customers. となる。

**293** Ceramics typically have much lower thermal expansion coefficients than metals. This thermal expansion mismatch generates stress in the ceramic-metal joint, degrading the mechanical properties of the joint.

2 文目の終わりに文末分詞。1 文目で、Ceramics(セラミックス)と metals(金属)を比較対象とした文を作る。

**294** In a fuel cell, hydrogen reacts with oxygen without burning. The energy released is used to generate electricity, which is used to drive an electric motor.

2 文目の後半に関係代名詞で情報を追加。

**295** Carbon monoxide (CO) prevents the body from taking oxygen. Symptoms of CO poisoning may include headaches, dizziness, nausea, weakness, shortness of breath, chest tightness, sleepiness, redness of the skin, and confusion.

列挙した名詞のうち headaches(頭痛)のみ可算。他の dizziness(めまい)、nausea(吐き気)、weakness(脱力感)、shortness of breath(息切れ)、chest tightness(胸苦しさ)、sleepiness(眠気)、redness of the skin(肌の赤み)、and confusion(錯乱)は不可算扱い。

**296** Radiation, which is energy, can come from unstable atoms that undergo radioactive decay or can be produced by machines. Radiation travels from its source in the form of energy waves or energized particles.

undergo =「～を受ける」。

**297** 少子高齢化により、高齢者の日常生活を**支援する介護ロボット**のニーズが高まっている。**介護ロボット**は、**家電**や食器といった**複雑な形状**の**物体を扱えなければ**ならない。

1文目は無生物主語・SVO で表す。

**298** **ビッグデータ分析**では、**ビッグデータ**と呼ばれる巨大なデータ群を**収集**や**保管**、**解析する**ことにより、**傾向**を**見出したり**有用**情報**を**得たり**できる。そして、データから抽出した**知見**を企業の意思決定に**活かす**ことができる。

「ビッグデータ分析」を主語に、平易な動詞を使って読み手の負担を減らす。1文目の後半の内容をまとめた「データから抽出した知見」を2文目の主語に。

**299** **e ラーニング**は、ウェブと電子機器を使って**知識とスキルを伝達する**ことにより学習側と教育側を**支援する**。インターネットの**急速な普及**により数多くの**e ラーニングプラットフォーム**が利用可能となり、異なる**プラットフォーム**間の**相互運用**が**必要になってきた**。そこで、**e ラーニング**システム間の**相互運用**が可能になれば、異なる**プラットフォーム**で**開発した教育資源**を**共有**したり**再利用**したり**できるようになる**。

1文目の主語は「e ラーニング」。2文目の主語は読み手が知っているであろう「インターネットの普及」を無生物主語に使い、SVO で組み立て。3文目の主語も工夫。

**300** この**オーロラ**発生装置では、**オーロラ現象**を宇宙空間の1億分の1モデルで**観察**することができる。真空ポンプで**真空にした**ガラス**ケース**の中に、**地球**の1億分の1モデル(**直径 12 cm の磁石の球**)が入れてあり、ガラス**ケース**中の**電極**に高**電圧**をかけて**荷電粒子**を地球モデルに向けて**放出する**。**荷電粒子**は**地球の磁場**に**引かれ**、**北極**と**南極**付近で円を描いて**発光する**。

複数文も落ちついて丁寧に。enable + 動作で「動作を可能にする」。

The aging society has increased the need for nursery robots that can assist the life of old people. Such robots must be able to handle objects with complex shapes, such as home appliances and dishes.

2文目の主語は The nursery robots → Such robots と短縮。Such を使うことで文と文の内容をつなぐ。

 Big data analytics involves collecting, organizing, and analyzing large sets of data called big data to uncover patterns and obtain other useful information. Such knowledge extracted from data will benefit companies in their decision-making processes.

2文目の主語 Such knowledge extracted from data の such =「そのような」で文と文の内容をつなげる。involve =「~を必要とする・~含む・~を伴う」、uncover =「発見する」、benefit =「~に利点をもたらす、~のメリットとなる」。

 Electronic learning, commonly called e-learning, supports learning and teaching by transferring knowledge and skills through the Web and electronic machines. The fast-growing Internet has allowed the creation of a variety of e-learning platforms, thus increasing the need for the interoperation of these platforms. Interoperability in e-learning systems will allow exchange and reuse of educational resources developed in different platforms.

3文目の主語は、2文目の後半の「相互運用」= interoperation と類似の interoperability =「相互運用が可能になること」。

 The aurora generation system enables observation of an aurora phenomenon seen in the space scaled down to its 100 millionth part. The system consists of a glass vessel that is exhausted using a vacuum pump, and an earth model (a magnetic sphere with a diameter of 12 cm) as small as a 100 millionth part of the real Earth placed in the vessel. High voltages are applied to the electrodes in the vessel to release the charged particles toward the earth model. The charged particles are attracted by the earth's magnetic field and glow in circles around the North Pole and the South Pole.

1文目で enables observation of an aurora phenomenon（オーロラ現象の観察を可能にする）まで組み立てたら、「オーロラ現象」に分詞で説明を追加。「~の1億分の1」は「~の1億個目の部分」という発想で、a (its) 100 millionth part と表現。2文目の主語は The aurora generation system から短縮した The system で視点をそろえる。関係代名詞、前置詞で説明を追加。

# もっと練習
## ——追加の長文問題 20

**01** 炭素繊維強化プラスチック（CFRP）とは**炭素繊維**を用いた軽くて強い**複合材料**である。CFRP の**製造**には**コストがかかる**が、高い**重量比強度**と**剛性**が**求められる用途**で広く利用されている。例えば、**航空宇宙**分野や自動車産業、土木建築分野での用途や船舶の上部構造やスポーツ用品の用途があり、また他の消費者向け用途や技術用途も増えている。

> **単語** 炭素繊維強化プラスチック = carbon fiber reinforced plastic (CFRP), 重量比強度 = strength-to-weight ratio, 剛性 = stiffness, 上部構造 = superstructure

**02** **LED** チップに**順方向の電圧をかける**と、**LED** チップの中を**電子**と**正孔**が**移動し電流が流れる**。移動の途中で**電子と正孔**がぶつかると**結合する**。この**現象**を**再結合**という。**電子と正孔**は**エネルギー**を**放出して**再結合するが、このとき放出される**エネルギー**が光の**エネルギー**に**変換される**。これが LED の発光**原理**である。

> **単語** 正孔 = positive hole, 再結合 = recombination, 発光 = light emission

**03** 鉄**粉**は大きさが約 20〜200 ミクロンの鉄**粒子**の**集合体**であり、その**特性**は製造**方法**により**異なる**。**市販されている**鉄粉は、その製造方法で分類され、ミルスケール（**酸化鉄**）を**還元**して得られる**還元鉄粉**、溶鋼を**粉化して**得られる**アトマイズ**鉄**粉**、電解鉄**粉**の 3 種類があり、それぞれ**用途**により使い分けられる。鉄**粉**には、**粉末冶金**、**懐炉**、食品の**鮮度保持**用の**脱酸素剤**等様々な用途がある。

> **単語** 集合体 = aggregate, 酸化鉄 = iron oxide, 還元する = reduce, 粉化する = atomize, 粉末冶金 = powder metallurgy, 懐炉 = pocket warmer, 脱酸素剤 = deoxidizer

**04** Android は、Linux カーネルをベースとした**携帯電話**用の **OS** やミドルウェア、**アプリケーション**をすべて含んだオープンソース・プロダクトのことである。Android は無償で利用できる点が大きな特徴となっている。Android には、Android OS を搭載する**スマートフォン**を作る上で **OS** のライセンス料金がかからないという利点がある。つまり、**端末**メーカーには，**端末を製作する**コストを安く抑えることができるメリットがある。また、一般の開発者が無償でアプリケーションを**作成できる**点もメリットである。

> **単語** Linux カーネル = Linux kernel, OS = operating system, 無償で = for free

**英文の出典情報**
01 https://en.wikipedia.org/wiki/Carbon_fiber_reinforced_polymer より一部改変
02 工業英検 2 級 2010 年 5 月 第 82 回 過去問題(and thereby → and thus に変更)

**01** Carbon fiber reinforced plastics (CFRPs) are strong and light composite materials that contain carbon fibers. CFRPs can be costly to produce but are common in applications requiring high strength-to-weight ratio and stiffness, such as aerospace, automotive, civil engineering, superstructures of ships, sports equipment, and an increasing number of consumer and technical applications.

**02** A voltage applied to a light-emitting diode (LED) chip in the forward direction causes electrons and positive holes in the LED chip to start to move, and thus causes an electrical current to flow. When a moving electron collides with a moving positive hole, they combine with each other; this phenomenon is called recombination. A collision pair emits energy when recombining, and the energy is, in turn, transformed into light energy. This is the principle of LED light emission.

**03** Iron powder is an aggregate of iron particles about 20 to 200 micrometers in size, and its characteristics vary depending on the process of manufacture. Commercially available iron powders are classified into three types: reduced iron powder produced by reduction of mill scale (iron oxide), atomized iron powder produced by atomizing molten steel, and electrolytic iron powder. Different types are used for different applications. Iron powder is used in various applications, such as powder metallurgy, pocket warmers, and deoxidizers to preserve freshness of food products.

**04** Android is an open source product that includes everything for a mobile phone—an operating system based on the Linux kernel, middleware, and applications. The advantage of Android is its free availability. Smartphones with the Android OS can be designed without any licensing fee for the OS. Terminal equipment manufacturers can produce Android products at low costs. General developers can also create Android applications for free.

03 工業英検 1 級 2010 年 11 月 第 85 回 過去問題
04 工業英検 1 級 2011 年 5 月 第 87 回 過去問題(Smart phones → Smartphones, The big advantage →
　 The advantage に変更)　＊「工業英検」は 2020 年に名称が「技術英検」に変更された。

**05** 医薬分野において、**人工補装具（プロテーゼ）**とは、**外傷、病気、先天性疾患**により欠損した体の部位を補う**人工的な**機器のことであり、欠損部位の**通常機能を回復させる**目的で使用される。切断者の**リハビリテーション**は、**理学療法医、補綴（ほてつ）外科医、**看護師、**理学療法士、作業療法士**からなる**複合的な**チームで行い、その中で**理学療法医が主要な取りまとめを行う**。**人工補装具**の**製作**は、手製の場合もあるが、2 次元画像および 3 次元画像により設計を支援する **CAD（キャド）**という**ソフトウェアインターフェース**を使って行うこともある。

**単語** 人工補装具（プロテーゼ）= prosthesis, 外傷 = trauma, 先天性疾患 = congenital disorder, 切断者のリハビリテーション = amputee rehabilitation, 理学療法医 = physiatrist, 補綴（ほてつ）外科医 = prosthetist, 理学療法士 = physical therapist, 作業療法士 = occupational therapist

**06** **ヘテロ接合バイポーラトランジスター（HBT）**とは、**異種半導体層を重ね合わせて作る接合（ヘテロ接合）**を利用した**バイポーラトランジスター**である。通常構造の**バイポーラトランジスター**と比べて、ベース**抵抗**を低減できる特徴を持つ。1 つのトランジスターは $10 \times 10 \, \mu m$ 程度の**面積**で**作製**でき、これを多数集積化して**集積回路**が構成される。

**単語** ヘテロ接合バイポーラトランジスター（HBT）= heterojunction bipolar transistor (HBT), 抵抗 = resistance

**07** **バイオエタノール**は**バイオマス**の一つで、**サトウキビや大麦、トウモロコシ**などの**植物**資源からの**グルコース**を**発酵**させて作られた**エタノール**のことである。**天然ガスや石油**などの**化石燃料**から生成される**エチレン**を**触媒**を介して水と**反応**させ**作られた合成エタノール**と区別するために、この名で呼ぶ。**化学的組成**や**物性**は両者とも同じである。

**単語** バイオエタノール = bioethanol, 発酵 = fermentation, サトウキビ = sugarcane, 大麦 = barleycorn, トウモロコシ = sweet corn, エチレン = ethylene, 触媒 = catalyst, 化学的組成 = chemical formula, 物性 = property

**08** **ウラン** 235（U-235）の**原子核**に**中性子**を当てると、**ウラン原子**は 2 つの**原子核**に分かれる。このとき**大量の**熱が発生するため、これを発電用熱源として利用し、水を**蒸気**に変えて**蒸気タービンを回転させて発電機で電力を起こす**ことができる。**ウラン** 235 に**中性子**を当てると、**核分裂**が起こると同時に、新たに 2～3 個の**中性子**が**発生する**。この**中性子**をさらに別の**ウラン** 235 に当てると、**核分裂**が起きてさらに 2～3 個の**中性子**が**発生する**。

**単語** ウラン 235 = uranium-235, 原子核 = atomic nucleus, 蒸気 = steam, 中性子 = neutron, 核分裂 = nuclear fission

---

**英文の出典情報**
05 https://en.wikipedia.org/wiki/Prosthesis より一部改変
06 工業英検 2 級 2007 年 11 月第 70 回 過去問題（「バイポーラトランジスタ」→「バイポーラトランジスター」に変更）

**05** In medicine, a prosthesis is an artificial device that replaces a missing body part, which may have been lost through trauma, disease, or a congenital disorder. Prostheses are intended to restore the normal functions of the missing body part. Amputee rehabilitation is primarily coordinated by a physiatrist as part of an inter-disciplinary team consisting of physiatrists, prosthetists, nurses, physical therapists, and occupational therapists. Prostheses can be created by hand or with computer-aided design (CAD), a software interface that assists designing with 2-D and 3-D graphics.

**06** The heterojunction bipolar transistor (HBT) is a bipolar transistor including a heterojunction that is composed of different semiconductor layers. The HBT features a lower base resistance than normal bipolar transistors. A large number of HBTs, each fabricated with an area of about $10 \times 10$ $\mu$m, are combined into an integrated circuit.

**07** Bioethanol, one of the biomasses, refers to ethanol produced by fermentation of glucose derived from plants, such as sugarcane, barleycorn, and sweet corn. This name is distinguished from synthetic ethanol prepared through the reaction of ethylene, which is derived from fossil fuels such as natural gas and petroleum, with water in the presence of a catalyst. Both have the same chemical formula and properties.

**08** When the atomic nucleus of uranium-235 (U-235) is exposed to neutrons, the uranium atom splits into two nuclei, releasing a tremendous amount of heat. This heat, used as a heat source for power generation, converts water into steam. The steam drives a steam turbine, which, in turn, drives a generator to produce electricity. When exposed to neutrons, an atom of U-235 undergoes nuclear fission and releases two or three new neutrons. The new neutrons hit other U-235 atoms, causing each atom to undergo nuclear fission and release two or three more neutrons.

07 工業英検 2 級 2007 年 11 月 第 70 回 過去問題(ethanol made by → ethanol produced by に変更)
08 工業英検 1 級 2012 年 5 月 第 91 回 過去問題

**09** シンチレーターは、電離放射線により励起されることにより**発光**（**シンチレーション**）を示す**物質**である。発光物質は、入射粒子が衝突すると、その**エネルギー**を**吸収**して発光する。すなわち、**吸収したエネルギーを光**として再放出する。**励起状態が準安定**であるため、**励起状態から低エネルギー状態への緩和が遅延する場合があり、遅延時間は物質**によって数ナノ秒から数時間と様々である。この過程は、**遷移**の種類とそれに従う放出**光子**の**波長**に応じて遅延**蛍光**または**燐光**のいずれかに相当する。

**単語** 電離放射線 = ionizing radiation, 励起する = excite, 発光物質 = luminescent material, 入射粒子 = incoming particle, 準安定の = metastable

---

**10** **水素自動車**と**燃料電池車は水素を燃料**とする点は同じであるが、動力源は異なる。**水素自動車は水素をエンジンで燃やして動力を得る**のに対して、**燃料電池車は水素**と空気中の**酸素を化学反応**させて発生する電気を動力として使う。どちらも走行中に**水蒸気**を発生するが、**二酸化炭素**は出ない。ただ、**水素自動車は微量の窒素酸化物**を発生する。

**単語** 水素自動車 = hydrogen-fueled car, 燃料電池車 = fuel-cell vehicle, 窒素酸化物 = nitrogen oxide, 水蒸気 = vapor

---

**11** **統計学**において、**標準偏差**とは一つのデータ群における**ばらつき**を表す。データ群中の各値が**平均値**に近いほど**標準偏差**は小さくなり、各値が広くばらつくほど**標準偏差**は大きくなる。**確率変数**、**統計的母集団**、**データ群**、確率分布の**標準偏差**は**分散**の**平方根**である。

**単語** 標準偏差 = standard deviation, 平均値 = mean, 確率変数 = random variable, 母集団 = statistical population, 確率分布 = probability distribution, 平方根 = square root

---

**12** **オゾン**は、**酸素原子**３個**からなり**、短時間に**酸素**や水に変化する**極めて不安定**な物質である。**オゾンは電気**があれば空気から**直接**生成できるので、必要な場合だけ利用することが可能である。オゾンは強い**酸化力がある**ことから**殺菌**や**脱色**、**脱臭**、**有機物**の**除去**等に用いられ、パルプ工場や食品工場、病院、**半導体工場**、浄水・**下水**処理場で利用されている。

**単語** 殺菌 = sanitization, 脱色 = decoloration, 脱臭 = deodorization, 有機物 = organic matter

---

**英文の出典情報**
09 https://en.wikipedia.org/wiki/Scintillator より変形
10 工業英検２級 2008 年 11 月第 75 回 過去問題

**09** A scintillator is a material that shows luminescence (or scintillation) when excited by ionizing radiation. When struck by an incoming particle, luminescent materials absorb the energy and scintillate, or re-emit the absorbed energy in the form of light. The excited state is metastable. This may delay relaxation from the excited state to lower energy states from a few nanoseconds to hours depending on the material; the process is either delayed fluorescence or phosphorescence, depending on the type of transition and thus on the wavelength of the emitted optical photon.

**10** Hydrogen-fueled cars and fuel-cell vehicles are the same in their use of hydrogen as fuel, but differ in the source of their power. Hydrogen-fueled cars generate motive energy by the combustion of hydrogen in engines, whereas fuel-cell vehicles use electric power generated by the chemical reaction of hydrogen with oxygen in the air. Both generate water vapor but do not emit carbon dioxide. In addition, hydrogen-fueled cars generate trace amounts of nitrogen oxides.

**11** In statistics, the standard deviation measures the amount of variation of a set of values. A low standard deviation indicates that the values tend to be close to the mean of the set, whereas a high standard deviation indicates that the values are spread out over a wider range. The standard deviation of a random variable, a statistical population, a data set, or a probability distribution is the square root of its variance.

**12** Ozone, which consists of three oxygen atoms, is highly unstable and changes to oxygen or water in a short time. Ozone can be generated directly from air simply by using electricity and thus is always available as needed. Ozone, as a powerful oxidizer, has applications including sanitization, decoloration, deodorization, and organic matter removal at pulp factories, food factories, hospitals, semiconductor factories, and water and sewage treatment plants.

**11** https://en.wikipedia.org/wiki/Standard_deviation より一部改変
**12** 工業英検 2 級 2009 年 5 月 第 77 回 過去問題(「下水処理」 → 「浄水・下水処理場」 に変更)

13 人工衛星「だいち」には2つの**光学センサー**と1つの**レーダセンサー**が搭載されている。2つの**光学センサー**のうち、PRISM は、3方向を**同時に観測**することができるため、**地形の3次元データを得る**ことができる。もう1つの**光学センサー**AVNIR-2 は、地上で**災害**が発生した場合など、センサーの向きを変えて被災地域を**緊急観測**することが可能である。**光学センサー**は雲がある場合や夜間には地上を観測できないが、レーダセンサーの PALSAR ならば、天候や昼夜に関係なく**観測することができる**。

単語 光学センサー = optical sensor, レーダセンサー = radar sensor

14 イオン**エンジン**とは、イオン化した**推進剤**を電磁的に加速して噴射し、**推進力**を得るロケット**エンジン**の一種である。**推進剤**が軽量なため、長時間の**加速**が必要となりまた**瞬間的な推力**が低いので、**重力や空気抵抗**のある状態での**運用**には**適さない**。このため、主に**人工衛星**の姿勢制御や宇宙空間を長距離飛行する**探査機**の**主エンジン**に利用される。

単語 推進剤 = propellant, 電磁的に = electromagnetically, 加速する = accelerate, 推力 = thrust, 瞬間的な = instantaneous, 探査機 = probe

15 有機化学の**反応**の大部分は**酸化還元反応**であり、**明確な電子移動**なしに**酸化数**が変化する。例えば、**分子酸素**による木の**燃焼**中、**二酸化炭素**と水が生成されるにつれ、木の**炭素原子の酸化数は増加し**、**酸素原子の酸化数は減少する**。**酸素原子は還元**され、**電子を取得する**。一方、**炭素原子は酸化し、電子を失う**。この**反応**において、**酸素は酸化剤**、**炭素は還元剤**として働く。**単純な**酸化還元反応の例としては、炭素が**酸化して二酸化炭素が生成される**ものや、炭素が**水素により還元されてメタンが生じる**ものがある。より**複雑な**酸化還元反応の例としては、人体における**グルコース**の**酸化**などがある。

単語 酸化還元反応 = redox (reduction–oxidation) reaction, 電子 = electron, 酸化数 = oxidation number
＊酸化数とは、物質中の原子の酸化の度合いを示す。

英文の出典情報
13 工業英検2級 2009年5月 第77回 過去問題

**13** The satellite "Daichi" has two optical sensors (PRISM and AVNIR-2) and one radar sensor (PALSAR). PRISM acquires three dimensional data of land features through simultaneous land observation in three directions. AVNIR-2 enables emergency observations of a disaster area by changing the sensor direction. PALSAR enables day-and-night and all-weather land observation, whereas the optical sensors cannot observe land surfaces during cloudy weather or at night.

**14** An ion engine is a type of rocket engine that develops thrust by electromagnetically accelerating and expelling ionized propellant. Because the propellant is light, the ion engine needs to accelerate for long periods of time and the instantaneous thrust is low. Thus, the ion engine is not suitable for operation in the presence of gravity or air resistance. The engine is mainly used for attitude control of satellites or as a main engine in probes that travel long distances in the space.

**15** Many reactions in organic chemistry are redox (reduction–oxidation) reactions involving changes in oxidation number but without distinct electron transfer. For example, during the combustion of wood with molecular oxygen, the oxidation number of carbon atoms in the wood increases and the oxidation number of oxygen atoms decreases as carbon dioxide and water are formed. The oxygen atoms undergo reduction, gaining electrons, whereas the carbon atoms undergo oxidation, losing electrons. In this reaction, oxygen is the oxidizing agent and carbon is the reducing agent. Simple redox processes include the oxidation of carbon to yield carbon dioxide ($CO_2$) and the reduction of carbon by hydrogen to yield methane ($CH_4$). More complex processes include the oxidation of glucose ($C_6H_{12}O_6$) in the human body.

**14** 工業英検 2 級 2012 年 5 月 第 91 回 過去問題
**15** https://en.wikipedia.org/wiki/Redox より一部改変

**16** 携帯電話やスマートフォン、タブレットにはインカメラ（手前を撮影するカメラ）が搭載されるのが一般的である。単独型のカメラは操作者の方向ではなく前方を撮影するように配置されているが、スマートフォンやタブレットなどの携帯機器には通常、操作者に対面するカメラが設置されており、ライブプレビュー画像が映った画面を見ながら、操作者が自分の写真や動画を撮影できるようになっている。インカメラはビデオ通話や自撮りに便利である。プレビュー画像は、初期設定では鏡面画像（反転画像）となっていることが多い。鏡面画像のほうが直感的に分かりやすいと感じる人が多いためである。この初期設定は変更可能であり、いずれの場合でも、記録画像は反転しない。

**単語** インカメラ（ 手前を撮影するカメラ ）= front-facing camera, 自分の 写真 = self-portrait photograph, ビデオ通話 = videotelephony, 自撮り写真（セルフィー）= selfie, 設定を無効にする・変更する = override

**17** ドライブ・バイ・ワイヤとは、自動車産業における技術であり、従来は機械的接続により行っていた自動車の機能を電気・電子機械システムで実現するものである。この技術では、従来の機械式制御システムに代えて電子制御システムを利用するものであり、電子制御システムには電気機械アクチュエーターやヒューマンマシンインターフェース（例えば、ペダルやステアリングのエミュレーター）を搭載する。この技術によると、ステアリングコラムや中間軸、ポンプ、ホース、ベルト、冷却器、真空サーボ、マスターシリンダーといった車両部品が不要になる。ドライブ・バイ・ワイヤの具体例には、電子制御スロットルやブレーキ・バイ・ワイヤがある。

**単語** ドライブ・バイ・ワイヤ = drive-by-wire, 電気機械アクチュエーター = electromechanical actuator, ヒューマンマシンインターフェース = human-machine interface, 電子制御スロットル = electronic throttle, ブレーキ・バイ・ワイヤ = brake-by-wire

**18** 摩擦撹拌接合（FSW: friction stir welding）とは、固相接合法であり、対面配置した2つの金属製被加工物の母材を溶かさずに工具で接合する手法である。回転する工具と被加工物の母材の間に摩擦熱が発生し、工具周辺の領域が軟化する。そして、接合線に沿って工具を横に移動させると、工具による機械的圧力で2つの金属部材同士が機械的に混ざり合い、高温の軟化金属の鍛造（たんぞう）が行われる。摩擦撹拌接合では、アルミ合金、銅合金、チタン合金、軟鋼、ステンレス鋼、マグネシウム合金同士の接合が可能であり、また最近では高分子の接合にも成功した。さらに、例えば「アルミとマグネシウム合金」といった異種金属間の接合にも摩擦撹拌接合が利用されている。造船、自動車、鉄道、航空宇宙の分野において利用されている。

**単語** 固相接合法 = solid-state joining process, 被加工物 = workpiece, 接合線 = joint line, 横に移動させる = traverse, 鍛造する = forge

英文の出典情報
**16** https://en.wikipedia.org/wiki/Front-facing_camera より一部改変

**16** Front-facing cameras are common in mobile phones, smartphones, and tablets. Whereas stand-alone cameras face forward, away from the operator, smartphones, tablets, and similar mobile devices typically have a camera facing the operator to allow a self-portrait photograph or video to be taken while the operator is looking at the display showing a live preview of the image. Such front-facing cameras are useful for videotelephony and for taking selfies. The preview image is often by default a mirror (reversed) image, which is more intuitive for most people; this default can be overridden, and the recorded image is not reversed in any case.

**17** Drive-by-wire technology in the automotive industry is the use of electrical or electro-mechanical systems for performing vehicle functions traditionally achieved by mechanical linkages. This technology replaces the traditional mechanical control systems with electronic control systems incorporating electromechanical actuators and human-machine interfaces (e.g., pedal and steering emulators), thus eliminating components such as the steering column, intermediate shafts, pumps, hoses, belts, coolers, vacuum servos, and master cylinders from the vehicle. Examples of drive-by-wire technology include electronic throttle control and brake-by-wire.

**18** Friction stir welding (FSW) is a solid-state joining process that uses a tool to join two facing metal workpieces without melting the workpiece material. Heat is generated by friction between the rotating tool and the workpiece material, generating a softened region near the FSW tool. While the tool is being traversed along the joint line, the tool mechanically intermixes the two pieces of metal and forges the hot and softened metal under the mechanical pressure. FSW can join aluminum alloys, copper alloys, titanium alloys, mild steel, stainless steel, and magnesium alloys, and more recently, has successfully been used to join polymers. In addition, FSW has recently achieved joining of dissimilar metals such as aluminum to magnesium alloys. FSW finds applications in the shipbuilding, automotive, rail, and aerospace industries.

巻末

巻末付録①

---

**17** https://en.wikipedia.org/wiki/Drive_by_wire より一部改変
**18** https://en.wikipedia.org/wiki/Friction_stir_welding より一部改変

**19** アルツハイマー病(AD)は進行性の**神経変性疾患**であり、通常**緩やかに発症し**、時の経過と共に**徐々に悪化する**。**認知症**の症例のうちの60%～70%はアルツハイマー病が原因である。最も多い初期**症状**として、直近の出来事を覚えておくことが難しいことがあげられる。**病気**が**進行する**につれて、言語障害や方向が分からなくなる(迷子になりやすい)、**気分の変動**、意欲の喪失、身の回りのことができなくなる、**行動**に**問題**が生じるといった**症状**が現れる。**病状**が**悪化する**と、家族や**社会**から孤立することが多くなる。**徐々に体の機能が失われ**、**最終的**に死に至る。**病気の進行**速度は**様々であるが、診断**後の**一般的な平均余命**は3年～9年である。

**単語** 進行性の = progressive, 神経変性疾患 = neurodegenerative disease, 平均余命 = life expectancy

**20** 3次元モデルとは、3次元空間における複数の**点**を**三角形**や**直線**、**曲面**といった**幾何学的形状**で**つないで**物体を表したものである。**3次元**モデルはデータの集合(点など)であり、**手作業**や**アルゴリズム**に基づき、または**走査**により作成できる。さらにテクスチャマッピングを施して3次元モデルの**表面**を定義することもできる。3次元モデルは種々の分野で利用されている。医学の分野では**臓器**の**詳細な**モデルに利用されており、MRIやCTスキャンで取得した複数の2次元断面像を使って3Dモデルを**構築する**ことができる。映画業界では、アニメや実写の登場人物や物体に3次元モデルが使われている。科学部門では、化学**化合物**の**詳細**モデルとして3次元モデルが使われている。建築業界では、提案する建物や景観を説明する際に、従来の**物理的な**建築モデルに代えて3次元モデルが使われている。

**単語** 幾何学的形状 = geometric shape, 三角形 = triangle, 直線 = line, 曲面 = curved surface
＊テクスチャマッピング(肌理写像)とは、3Dモデルの表面に質感を与えるための手法。肌理(きめ、texture)は織物の質感の意味。

**英文の出典情報**
**19** https://en.wikipedia.org/wiki/Alzheimer%27s_disease より一部改変

**19** Alzheimer's disease (AD) is a progressive neurodegenerative disease that usually starts slowly and gradually worsens over time. AD is the cause of 60–70% of cases of dementia. The most common early symptom is difficulty in remembering recent events. As the disease progresses, symptoms can include problems with language, disorientation (including easily getting lost), mood swings, loss of motivation, not managing self-care, and behavioral issues. As their conditions worsen, AD patients often withdraw from family and society. Their bodily functions are lost gradually, ultimately leading to death. Although the speed of progression can vary, the typical life expectancy following diagnosis is three to nine years.

**20** Three-dimensional (3D) models represent a physical body using a collection of points in 3D space, connected by geometric shapes such as triangles, lines, and curved surfaces. Being a collection of data (points and other information), 3D models can be created manually, algorithmically, or by scanning. Their surfaces may be further defined with texture mapping. Nowadays, 3D models are used in a wide variety of fields. The medical industry uses detailed models of organs; 3D models may be created with multiple 2-D image slices from an MRI or CT scan. The movie industry uses 3D models as characters and objects for animated and real-life motion pictures. The science sector uses 3D models as detailed models of chemical compounds. The architecture industry uses 3D models to demonstrate proposed buildings and landscapes instead of traditional, physical architectural models.

巻末

巻末付録①

20 https://en.wikipedia.org/wiki/3D_modeling より一部改変

# 英単語 1600

本書で太字にした必須単語を品詞別に列挙しています。

**1 名詞** モノの名前、現象、工程、動作を表します。数えるか数えない か、また単数か複数かを考えて使います(p. 64)。

**2 動詞** 動作を表します。動詞だけで動作が完結する自動詞と、動詞だ けで動作が完結せず、直後に動作の対象(目的語)が必要な他動詞があ ります。自動詞・他動詞の両方の働きをする動詞も多くあります。

　動詞は形を変えることで、合わせて時制も表します。主語が三人称 で単数形、また動作が現在形の場合は三単現の s、他にも現在完了形、 過去形、現在完了進行形、現在進行形、といった時制(p. 50)を動詞の 部分で表します。

　また、動詞に助動詞(p. 74)を加えることで、動詞が表す言い切り表 現に対してニュアンスを与えることができます。

**3 形容詞** 名詞を修飾します。名詞の前に置いて名詞を説明したり、 SVC(p. 18, 24)の補語になったりします。

**4 副詞** 名詞以外を修飾します。動詞の近く(前や後ろ)に置いて動詞を 修飾できます。他の副詞や形容詞、また文全体を修飾することもできま す。副詞の位置は、基本的に修飾先の近くに置きます。文全体を修 飾する場合には、文頭に置きます。動詞を修飾する場合には、その前 か動詞と目的語の後に置きます。

＊末尾に日本語訳の掲載ページを示しています。

巻末

巻末付録②

巻末

巻末付録②

181

巻末

巻末付録②

## 2　動詞

巻末

## 3　形容詞

巻末

## 4 副詞

巻末

巻末付録②

# 参考文献と出典

［参考文献他］
- 『技術系英文ライティング教本』中山裕木子、日本能率協会マネジメントセンター、2009 年
- 『英語論文ライティング教本』中山裕木子、講談社、2018 年
- 『ACS スタイルガイド アメリカ化学会 論文作成の手引き』アン・M・コグヒル（編集）、ローリン・R・ガーソン（編集）、中山裕木子（翻訳）、講談社、2019 年
- 『エンジニア・研究者・技術翻訳者のための　技術英作文 300』（スマホアプリ）株式会社ユー・イングリッシュ（制作）、2020 年

＊本書の 1～300 の例文はスマホアプリ『エンジニア・研究者・技術翻訳者のための 技術英作文 300』に対応しています。合わせてご活用ください。


［参考サイト］（2020 年 9 月最終閲覧）
- Wikipedia（https://en.wikipedia.org/wiki/Main_Page）
Amalgam（chemistry）（https://en.wikipedia.org/wiki/Amalgam_(chemistry)）
Augmented reality（https://en.wikipedia.org/wiki/Augmented_reality）
Endoscopy（https://en.wikipedia.org/wiki/Endoscopy）
Haptic technology（https://en.wikipedia.org/wiki/Haptic_technology）
Hashtag（https://en.wikipedia.org/wiki/Hashtag）
Head-mounted display（https://en.wikipedia.org/wiki/Head-mounted_display）
Parkinson's disease（https://en.wikipedia.org/wiki/Parkinson%27s_disease）
Polymer（https://en.wikipedia.org/wiki/Polymer）
8K resolution（https://en.wikipedia.org/wiki/8K_resolution）
State of charge（https://en.wikipedia.org/wiki/State_of_charge）
Virtual reality（https://en.wikipedia.org/wiki/Virtual_reality）

- U. S. Environmental Protection Agency（https://www.epa.gov/）
Climate Impacts in the Southeast（https://19january2017snapshot.epa.gov/climate-impacts/climate-impacts-southeast_.html）
Fact Sheet on Arsenic（https://www.epa.gov/north-birmingham-project/fact-sheet-arsenic）

Facts About Formaldehyde (https://www.epa.gov/formaldehyde/facts-about-formaldehyde#whatisformaldehyde)

Radiation Basics (https://www.epa.gov/radiation/radiation-basics)

■ World Health Organization (https://www.who.int/)

Infectious diseases (https://www.who.int/topics/infectious_diseases/en/)

The top 10 causes of death (https://www.who.int/news-room/fact-sheets/detail/the-top-10-causes-of-death)

■ Howstuffworks (https://www.howstuffworks.com/)

How the iPhone Works (https://electronics.howstuffworks.com/iphone3.htm)

How Robots Work (https://science.howstuffworks.com/robot2.htm)

■ U.S. Department of Homeland Security (https://www.dhs.gov/)

Cybersecurity Overview (https://www.dhs.gov/cisa/cybersecurity-overview)

■ U.S. Energy Information Administration (https://www.eia.gov/)

Why do carbon dioxide emissions weigh more than the original fuel?
(https://www.eia.gov/tools/faqs/faq.php?id=82&t=11)

■ Sciencedirect (https://www.sciencedirect.com/)

Genetic Engineering (https://www.sciencedirect.com/topics/neuroscience/genetic-engineering)

■ U.S. Department of Labor (https://www.dol.gov/)

■ NASA (https://www.nasa.gov/)

■ U.S. Department of Health & Human Services (https://www.hhs.gov/)

■ The Essential Chemical Industry – online
(http://www.essentialchemicalindustry.org/)

Edible fats and oils (https://www.essentialchemicalindustry.org/materials-and-applications/edible-fats-and-oils.html)

■ Nature

One tick closer to a nuclear clock (https://www.nature.com/articles/d41586-019-02664-8)

[例文の出典]

**031**：U. S. Environmental Protection Agency (https://www.epa.gov/energy/about-us-electricity-system-and-its-impact-environment)

**038**：Wikipedia, Amalgam（chemistry）(https://en.wikipedia.org/wiki/Amalgam_(chemistry))

**126**：U. S. Environmental Protection Agency（https://www.epa.gov/north-birmingham-project/fact-sheet-arsenic）
**127**：World Health Organization（https://www.who.int/topics/infectious_diseases/en/）

## あとがき──英作を通じて技術英語を楽しく学ぼう

　様々な技術分野の例文を使い、英作を通じて技術英語を学べる教材を作りたいと思いました。最新の技術や既存の基礎技術の内容を広く網羅しながら、かつ難しくなりすぎず、飽きずに読み進められる、そして読み終えたときに必ず英作力がアップしている教材を提供したいと願いました。

　そこで、001〜300の基本例文＋100超の追加の例文を使い、手や口を動かす英作を通じて技術英語に慣れていただき、正確・明確・簡潔に書くための技術英語の決まりごとも基礎英文法も習得できるようにしました。いつでも技術英語に触れることができ、どんどん英作の練習ができる骨太な教材、そして何より、技術英語の世界を楽しんでもらえる教材を目指しました。

　技術英語の世界はとてもシンプルで、まっすぐな一本道が開けています。使う文法や表現のコツはごく限られ、必要な英単語も、学習を進めればすぐに一巡できる程度の数しかありません。そんな一本道をご紹介する本になるように組み立てました。テクノロジーが身近になり、時代が理系へと進んでいるなか、難しいと思わず、多くの人に技術英語の世界へと飛び込んでいただきたいです。

　技術英語を習得したい学習者のみなさま、普段の業務に加えて種々の分野の例文を使って英作力をアップデートしたい技術翻訳者のみなさま、そして日々研究開発にいそしまれる多忙な研究者・エンジニアのみなさまのお役に立てることを心より願っています。

2020 年 10 月　中山　裕木子

## 著者紹介

**中山　裕木子**（なかやま・ゆきこ）

株式会社ユー・イングリッシュ代表取締役。

公益社団法人日本工業英語協会　理事・専任講師。

著書に『技術系英文ライティング教本』（日本能率協会マネジメントセンター）、『外国出願のための特許翻訳英文作成教本』（丸善出版）、『会話もメールも英語は3語で伝わります』（ダイヤモンド社）、『英語論文ライティング教本』（講談社）、『英語は3語で伝わります【どんどん話せる練習英文100】』（ダイヤモンド社）、訳書に『ACSスタイルガイド　アメリカ化学会 論文作成の手引き』（講談社）がある。また、スマホアプリ『エンジニア・研究者・技術翻訳者のための技術英作文300』を制作。

2000年より特許事務所で電子・電気、機械の特許明細書の日英翻訳に従事する。

2001年に工業英検1級取得。首位合格により文部科学大臣賞を受賞。

2004年、フリーランス特許翻訳者になり、主に電子・電気、機械、半導体分野の日英特許翻訳に従事する。同時に公益社団法人日本工業英語協会の専任講師に就任し、大学や高専などの教育機関や企業で理工系研究者を対象とした技術英語の指導、特許英語の指導にあたる。

2014年4月、特許英語と論文英語を専門とする翻訳と教育の会社、株式会社ユー・イングリッシュ設立。高品質の翻訳サービスと技術英語指導サービスの提供により、日本企業による技術文書の品質向上に尽力する。http://u-english.co.jp/

# 技術英語の基本を学ぶ例文300
## ——エンジニア・研究者・技術翻訳者のための

2020年10月30日　初版発行　　2024年11月29日　5刷発行

著　者　　中山　裕木子

発行者　　吉田　尚志

発行所　　株式会社　研究社
　　　　　〒102-8152
　　　　　千代田区富士見2-11-3
　　　　　［営業］03（3288）7777（代）
　　　　　［編集］03（3288）7711（代）
　　　　　https://www.kenkyusha.co.jp/

振　替　　00150-9-26710

印刷所　　TOPPANクロレ株式会社

本文組版・デザイン　株式会社明昌堂

KENKYUSHA
〈検印省略〉

ⓒ Yukiko Nakayama
ISBN 978-4-327-43096-2 C2082
Printed in Japan